Eurípedes Gomes Faim Filho

Série Precatórios e Requisições de Pequeno Valor

O Pagamento das Condenações Judiciais Pecuniárias – Precatórios.
Um estudo comparado: Argentina, Brasil, Estados Unidos e Portugal.

EURÍPEDES GOMES FAIM FILHO

O Pagamento das Condenações Judiciais Pecuniárias – Precatórios.
Um estudo comparado: Argentina, Brasil, Estados Unidos e Portugal.

Série: Precatórios e Requisições de Pequeno Valor
Volume I
2ª. Edição eletrônica e impressa, revisada, corrigida, atualizada e ampliada.
São Paulo: KDP, 2017.

© de todas as versões e edições em qualquer formato e em qualquer país: Eurípedes Gomes Faim Filho. Todos os direitos reservados. All rights reserved.

1ª. Edição impressa publicada pela Editora do Instituto Paulista de Magistrados (IPAM) em 2017.

Coordenação Editorial da publicação impressa pelo IPAM
Arlindo Carvalho de Oliveira Filho

Projeto gráfico e diagramação da publicação impressa pelo IPAM
Rita Motta – www.editoratribo.blogspot.com

Capa
Arlindo Carvalho de Oliveira Filho, Rita Motta e Eurípedes Gomes Faim Filho.

Elaboração da edição digital com atualização, adaptação para e-book, revisão, correção e acréscimos: Eurípedes Gomes Faim Filho

Ao meu filho Víctor.
À minha mãe e ao meu pai, "in memoriam".

SUMÁRIO

Prefácio 1

Introdução 3

Capítulo I - O Pagamento das Condenações Judiciais Pecuniárias na Argentina. 6

1.1 Sistema Jurídico Argentino. 6

1.2 Da Impenhorabilidade dos Bens Estatais na Argentina. 8

1.3 Da Execução das Decisões de Pagamento em Dinheiro na Argentina. 11

1.4 Do Problema da Inadimplência Estatal na Argentina. 18

Capítulo II - O Pagamento das Condenações Judiciais Pecuniárias nos Estados Unidos da América Do Norte. 25

2.1 – Sistema Jurídico do "Common Law" 25

2.2 – O Litígio contra a Fazenda Pública nos Estados Unidos. 31

   2.2.1 – Imunidade Judiciária da Fazenda Pública (Sovereign Immunity). 31

   2.2.2 – A Décima Primeira Emenda à Constituição Americana. 37

   2.2.3 – "Imunidade Judiciária da Fazenda Pública" Versus o Império da Lei. 39

2.3 – O Pagamento das Condenações Judiciais Pecuniárias no Sistema Federal Norte Americano. 42

CAPÍTULO III - O Pagamento das Condenações Judiciais Pecuniárias em Portugal. 49

3.1 – O Sistema Jurídico Português. 49

3.2 – Da Impenhorabilidade dos Bens Estatais em Portugal. 54

3.3 – O Pagamento das Condenações Judiciais Pecuniárias pela Fazenda Pública em Portugal. 55

3.4 – A Execução da Fazenda Pública com Base no Código de Processo Civil Português. 64

Capítulo IV - O Pagamento das Condenações Judiciais Pecuniárias no Brasil. 72

4.1 – O Sistema Jurídico Brasileiro. 72

4.2 Da Impenhorabilidade dos Bens Estatais no Brasil. 76

4.3 Da Execução das Decisões de Pagamento em Dinheiro no Brasil. 77

4.4 Do Problema da Inadimplência Estatal no Brasil. 80

Capítulo V – Outros Países do Mundo 82

Conclusões 88

Referências 90

Principais Páginas Visitadas na Internet. 99

Legislação usada no texto. 107

Sobre o autor. 110

Anexo - Decreto Português nº6007 de 07 de agosto de 1919. 112

PREFÁCIO

Estudar um tema com seriedade importa em não aceitar algo porque alguém o disse, ainda que seja uma autoridade no assunto. Há que se verificar o que foi dito recorrendo-se aos fatos demonstrados pela experiência científica. 'Nullius in verba' é o lema da "Royal Society" britânica, entidade que congregou e congrega os maiores cientistas do mundo.

Esse lema é o que foi aplicado pelo autor deste estudo sobre os requisitórios e precatórios.

Grandes autoridades do Direito afirmam que o sistema de precatório é uma exclusividade brasileira, não existindo nada igual em nenhum lugar do mundo.

Neste trabalho, vê-se que o autor foi a fundo na análise dos fatos e fez extensa pesquisa científica para descobrir que não é bem assim, como se verá nesta obra que agora chega às mãos dos leitores.

Em seu detalhado estudo, analisou a legislação, doutrina e jurisprudência de quatro países: Argentina, Estados Unidos, Portugal e Brasil, além de muitas Constituições de outros Estados, o que permite ter uma visão sobre como realmente estão construídos os sistemas semelhantes nos demais ordenamentos jurídicos, tendo destacado aqueles que têm inegável relevância.

O autor traça um paralelo entre os sistemas brasileiro e argentino, e no ordenamento americano chama a atenção para a "Sovereign Immunity", instituto que dificulta o acesso à Justiça quando se quer litigar contra a Fazenda Pública; na análise do sistema vigente em Portugal vê-se haver a utilização do termo "precatório".

Esse livro é uma leitura enriquecedora para quem quer se aprofundar no tema dos precatórios e foi escrito com rigor científico, profunda e bem sistematizada pesquisa, evidenciando qualidades que são próprias do autor desta obra.

Boa leitura.

José Maurício Conti

Juiz de Direito em São Paulo. Professor Associado de Direito Financeiro da Universidade de São Paulo (USP). Mestre, doutor e livre-docente pela USP.

INTRODUÇÃO

Esta obra trata do sistema de pagamento pela Fazenda Pública das condenações judiciais pecuniárias.

O texto aqui exposto foi extraído da tese de doutorado apresentada por este autor na Faculdade de Direito do Largo de São Francisco da Universidade de São Paulo, sendo fruto de um aprimoramento do que lá consta.[1] Também há uma publicação impressa editada pelo Instituto Paulista de Magistrados (IPAM), sendo que essa versão eletrônica sofreu várias atualizações, correções e acréscimos.

O primeiro capítulo foca a Argentina, o próximo trata dos Estados Unidos da América, o terceiro fala sobre Portugal e em seguida menciona-se o nosso caso brasileiro, já o último analisa mais brevemente outros países do mundo.

Selecionou-se a Argentina por ser o principal parceiro do Brasil no MERCOSUL e ter o sistema mais semelhante ao daqui.

O motivo de se escolher os Estados Unidos da América se deve ao fato de que o Brasil sofreu grande influência desse país ao criar o sistema de jurisdição una na primeira Constituição Republicana brasileira, declaradamente inspirada na Constituição norte-americana.

Portugal foi incluído porque o Direito português atual e o Direito brasileiro hodierno tiveram a mesma base: o Direito português antigo, sendo que aqui no Brasil as regras portuguesas antigas continuaram valendo mais tempo até do que em Portugal, por ato do nosso então imperador Dom Pedro I.

Nos primeiros quatro capítulos se analisa brevemente o sistema jurídico de cada país, inclusive do Brasil, em especial o sistema de jurisdição de cada um para então se tratar da questão do pagamento em si.

No capítulo da Argentina e no capítulo de Portugal trouxe-se à baila o problema da impenhorabilidade dos bens estatais e, em seguida se viu a forma da execução dessas decisões judiciais.

No caso da Argentina, tratou-se ainda do grave problema da inadimplência estatal.

Os Estados Unidos, por sua peculiaridade, demandaram um passeio pelo sistema em si do litígio judicial contra a Fazenda Pública naquele país, com concentração no âmbito federal devido a inviabilidade de se falar de cada Estado.

Ao final, nos últimos capítulos, discute-se comparativamente as particularidades brasileiras e trata-se de outros países, porém de maneira mais breve do que os outros três supramencionados.

Com isso tenta-se lançar luz na questão de quão é peculiar o sistema brasileiro de precatórios e requisições de pequeno valor.

CAPÍTULO I - O PAGAMENTO DAS CONDENAÇÕES JUDICIAIS PECUNIÁRIAS NA ARGENTINA.

1.1 SISTEMA JURÍDICO ARGENTINO.

Começa-se pela Argentina por ser o sistema jurídico mais assemelhado ao daqui, ou seja, basicamente europeu continental.

No que tange à questão da jurisdição, a Constituição da Argentina[2] no seu artigo 116 estabelece um sistema de jurisdição una com inafastabilidade da jurisdição, dizendo que cabe à Corte Suprema e aos tribunais inferiores da Nação o conhecimento e decisão de todas as causas que tratem sobre pontos regulados pela Constituição, pelas leis e pelos tratados, com ressalva ao disposto no art. 75, inciso XII, da mesma norma.[3]

Esse art. 116 da Constituição Argentina trata da jurisdição federal, sendo que o que aí não consta compete aos tribunais locais, tanto nas províncias quanto na Capital Federal, demonstrando assim a universalidade da jurisdição, semelhante ao sistema do Brasil.[4]

Já as questões relativas a limites interprovinciais são de competência do Congresso por força do art. 75, XV, da Constituição Argentina.⁵

O artigo 75 da Constituição Argentina trata do poder de legislar do Congresso a respeito do direito material, elaborando normas federais, mas cujo julgamento compete aos tribunais provinciais, de acordo com as leis processuais de cada província e também aos tribunais federais, no que tange à segunda parte do inciso XII do artigo 75.⁶

A conclusão de que a administração não exerce e nem pode exercer função jurisdicional se depreende não apenas do art. 18 da Constituição Argentina quando esse garante a inviolabilidade da defesa em juízo da pessoa e de seus direitos,⁷ mas também do art. 109 da mesma Carta,⁸ o qual veda o poder jurisdicional ao Chefe do Poder Executivo.⁹ Esse artigo 18 menciona as garantias de ordem penal, já as de ordem civil estão previstas no art. 17 da Constituição da Argentina.¹⁰

Existe na Argentina um contencioso administrativo, havendo inclusive uma Lei de Procedimento Administrativo naquele país,¹¹ mas a existência desse tipo de procedimento não impede o acesso ao sistema judicial.[12]

A partir de 1960 no precedente "Fernandez Arias c/ Poggio" ficou estabelecido que a revisão judicial das decisões dos tribunais administrativos seria plena, em que pese na época haver a exigência do prévio esgotamento da via administrativa para isso. A exigência do prévio esgotamento foi abolida em 1994 pela alteração do art. 43 da Constituição Argentina que ocorreu naquela época e "a conclusão é que o Poder Executivo Nacional se encontra subordinado a este controle e encontra-se sujeito ao imperium do juiz.".[13]

Portanto, a Argentina conhece um sistema de jurisdição una, embora tenha um procedimento administrativo, como ocorre no Brasil.

1.2 DA IMPENHORABILIDADE DOS BENS ESTATAIS NA ARGENTINA.

O Código Civil Argentino anterior dividia os bens do Estado entre bens públicos, bens privados do Estado e bens municipais, isso nos seus artigos 2.340, 2.342 e 2344.

Esse último artigo do Código Civil argentino previa que são "bens municipais aqueles que o Estado ou os Estados tenham colocado sob o domínio dos municípios. Eles são **inalienáveis** da maneira e forma que preverem leis especiais."[14] (grifo nosso)

Interessante observar que apenas para os bens municipais era mencionada a inalienabilidade e, por consequência, existia aí também a impenhorabilidade.

Nos termos da Lei Argentina 23.982,[15] a qual derrogou o art. 7º da Lei Argentina 3.952,[16] existe a possibilidade de executar o Estado tanto quando esse omite o crédito no orçamento quanto quando não há o pagamento, e, depois de transcorrido o prazo fixado pelo juiz para o pagamento, a execução segue adiante por meio de uma "sentença de arrematação" na qual se ordena medidas coativas para obter o pagamento, podendo a execução recair sobre bens móveis ou imóveis, desde que não afetados ao domínio público, e dinheiro.[17]

A Corte Suprema de Justiça da Nação argentina entendeu que "um bem é afetado ao domínio público por um feito ou por uma manifestação de vontade do poder público, quando haja sido incorporado a um uso e proveito comum [...]", portanto, tal afetação pode ser expressa ou tácita.[18]

No caso Roselli, em 1934, foi lembrado pela Corte que a doutrina entende impenhoráveis também os bens de domínio privado do Estado devido ao fato de que tais bens produzem rendas e essas rendas formam parte dos recursos estatais para prover os serviços públicos. Contudo, tal decisão excluía apenas o governo federal da possibilidade de penhora.[19] Interessante observar que o Código Civil argentino aqui mencionado é de 1869.

O Novo Código Civil Argentino,[20] Lei 26.994 promulgada no dia 07 de outubro de 2014, lista os bens públicos nos artigos 235 e 236, dispondo no artigo 237:

> Artigo 237.- Determinação e características das coisas do Estado. Uso e gozo. Os bens públicos do Estado são inalienáveis, impenhoráveis e imprescritíveis. As pessoas têm seu uso e gozo sujeito às disposições gerais e locais.
>
> A Constituição Nacional, a legislação federal e o direito público local determinam o caráter nacional, provincial ou municipal dos bens enumerados nos artigos 235 e 236.[21]

Ainda no sistema do Código anterior, os juízes começaram a permitir as penhoras em somas de dinheiro, mas com as leis que estabeleciam a emergência do setor público houve uma diferenciação para só permitir isso em fundos que houvessem sido colocados à disposição do Judiciário, mas depois, no caso Videla Cuello, todos os fundos foram considerados impenhoráveis.

Tais restrições à execução não teriam amparo na Constituição Argentina, sendo que a Corte Suprema de Justiça da Nação, revendo sua posição, tem permitido a penhora quando o Estado não se dispõe a cumprir a sentença e não é caso de emergência do Estado. Isso se manifesta pela não comunicação obrigatória do Executivo ao Legislativo da existência do crédito para fins de inclusão orçamentária, isso porque "a proibição de penhorar fundos públicos não pode ser interpretada de tal maneira que ponha nas mãos do devedor o cumprimento da obrigação." [22]

Mas, seja como for, a regra é a impenhorabilidade, assim passa-se a ver como se executa normalmente as condenações pecuniárias nesse país irmão.

1.3 DA EXECUÇÃO DAS DECISÕES DE PAGAMENTO EM DINHEIRO NA ARGENTINA.

A princípio se entendia que as sentenças que condenavam a Fazenda a pagar quantia em dinheiro eram apenas declaratórias, posto dependerem de serem aprovadas pelo Legislativo para fins de inclusão na lei orçamentária anual.

Tal pensamento também decorria da Lei Argentina 3.952/1900[23] que estabelecia:

> Art. 7º - As decisões que se pronunciarem nesses juízos quando forem condenatórias contra a Nação terão caráter meramente declaratório, limitando-se ao simples reconhecimento do direito que se pretende.[24]

Esse artigo só se referia a casos de condenação a pagamentos em dinheiro, pois nos demais se admitia o estabelecimento de prazos pelo Judiciário para o cumprimento de suas ordens pelo Executivo.

A demora em pagar as sentenças justificava-se pelo fato de que é necessária a previsão orçamentária de tais verbas e, enquanto essa demora não era excessiva, isso foi tolerado, salvo em se tratando de verba decorrente de desapropriação, em virtude de o artigo 17 da Constituição argentina exigir pagamento prévio no caso:

> Artigo 17 – A propriedade é inviolável e nenhum habitante da Nação pode ser privado dela, salvo

> em virtude de sentença baseada em lei. A expropriação devido à utilidade pública deve ser autorizada por lei e **previamente indenizada**. [...]²⁵ (grifo nosso)

A respeito disso há importante decisão no caso "Nação Argentina v. Domingo Bianchi", precedente que é seguido até hoje:

> Não seria possível privar o dono do meio de cobrar o que lhe correspondia, sem dar lugar à nulidade da desapropriação por violação do artigo 17 da Constituição Nacional, com as conseqüências que aquela comporta segundo as disposições do Código Civil. De outro modo, o direito de propriedade encontrar-se-ia sem defesa frente ao Estado que, mediante uma consignação ínfima, poderia desapoderar os habitantes do país, transformando a condição sine qua non do artigo 17 da Constituição numa obrigação inexecutável, sujeita a seu mero arbítrio quanto à época e forma de solvê-la.²⁶

Com relação às condenações a pagamento em dinheiro, a Lei de Contabilidade de 1956²⁷ estabeleceu um procedimento administrativo de pagamento pelo qual tais condenações seriam automaticamente incluídas como despesa orçamentária, possibilitando a execução e o pagamento.

Embora a ação de amparo não mencionasse condenações a prestações pecuniárias, foi aceito que o Poder Judiciário teria a possibilidade de compelir o Estado a pagar e "cumprir seus pronunciamentos para o restabelecimento da ordem jurídica".[28]

Mas a Lei argentina 23.696/1990[29] estabeleceu uma moratória unilateral suspendendo a execução de sentenças contra o Estado dispondo essa Lei:

> Art. 50 – Suspende-se a execução das sentenças e laudos arbitrais que condenem ao pagamento de uma soma de dinheiro ditadas contra o Estado Nacional e os demais entes descritos no artigo 1º da presente lei pelo prazo de dois anos a partir da data de vigência da presente lei. Incluem-se no regime estabelecido no presente Capítulo tanto as sentenças condenatórias ditadas contra o Estado Nacional e os entes mencionados na primeira parte deste artigo em causas promovidas pelas Províncias e/ou Municipalidades, como aquelas sentenças pronunciadas nos juízos que houverem decidido o Estado Nacional contra as Províncias e/ou Municipalidades. Este Capítulo será aplicável na jurisdição provincial naqueles casos em que se produzir a adesão prevista no artigo 68 da presente lei. Incluem-se no regime do presente Capítulo, as execuções que puderem promover-se para cobrança de honorários e gastos contra qualquer das partes nos juízos contemplados no presente artigo.

> Art. 51 – As sentenças e laudos arbitrais que se ditarem durante o prazo estabelecido no artigo anterior não poderão ser executados até que se expire o dito prazo.
>
> Art. 52 – Vencido o prazo do artigo 50 desta lei, o juiz da causa fixará o prazo do cumprimento das sentenças ou laudo arbitral, após prévia manifestação ao ente demandado, para que esse indique o prazo de cumprimento. Em nenhum caso o ente poderá fixar um prazo superior a seis meses. Se o ente não se manifestar ou indicar um prazo não razoável conforme as circunstâncias da causa o prazo para o cumprimento será fixado pelo juiz.[30]

Para PEDRO ABERASTURY o efeito positivo desta lei foi permitir que a doutrina se levantasse contra o supramencionado art. 7º da Lei 3.952[21] para afirmar que ele era inconstitucional para alguns ou havia sido derrogado, conforme outros.

Em seguida surgiu a Lei Argentina 23.982 de 1991[31] a qual dilatou o prazo da moratória para dezesseis anos e regulamentou o procedimento de cobrança no seu art. 22 dizendo:

> Art. 22 – A partir da entrada em vigência da presente lei, o Poder Executivo Nacional deverá comunicar ao Congresso da Nação todos os reconhecimentos administrativos ou judiciais definitivos de obrigações de causa ou título posterior a 1º de abril de

1991 que necessitem de créditos orçamentários para seu cumprimento a serem previstos na lei de orçamento do ano seguinte ao do reconhecimento. O credor estará legitimado a solicitar a execução judicial de seu crédito a partir do encerramento do período de sessões ordinárias do Congresso da Nação nas quais se deveria haver tratado a lei orçamentária que contivesse o crédito orçamentário respectivo.[32]

Interessante o final desse dispositivo em que se demonstra a inexistência de faculdade para o Poder Legislativo de colocar ou não tais créditos no orçamento.

A respeito desse artigo 22 decidiu a Corte Suprema da Nação Argentina:

> Acrescente-se que, se o Poder Executivo Nacional não cumprir com o dever imposto pelo art. 22 da Lei 23.982, ao autor fica facultado executar a condenação pecuniária por todos os meios previstos nessa norma, pois **não é admissível que o Estado possa demorar o cumprimento de uma decisão mediante o inadimplemento de um dever legal**.[33] (grifo nosso)

PEDRO ABERASTURY[34] ensina que o descumprimento da ordem judicial ocasiona a responsabilização dos funcionários públicos que não a cumprem, tanto de ordem civil como penal, inclusive para os que forem considerados como funcionários nos termos do art. 240 do Código Penal argentino.[35]

No mesmo texto esse autor diz que o juiz pode ainda usar outros meios de coação, tais como comunicar o fato ao superior do agente público para as medidas disciplinares cabíveis, ou comunicação ao juiz criminal para a averiguação da existência de crime, bem como outras medidas que permitam o pleno exercício de seu império.

As astreintes previstas no art. 666 bis do Código Civil argentino anterior[36] também seriam aplicáveis em favor da parte, o que tem sido aceito até pela Corte Suprema da Nação Argentina, principalmente nas obrigações de fazer ou de dar coisas que não sejam dinheiro. Contudo a Administração tenta enfraquecer a ordem judicial usando os meios processuais ao seu alcance.

Contudo, essa regra não vale mais para a Administração Pública como se vê no art. 804 do Novo Código Civil argentino:

> Artigo 804.- Sanções cominatórias. Os juízes podem impor em benefício do titular do direito, condenações cominatórias de caráter pecuniário a quem não cumprir deveres jurídicos impostos em uma decisão judicial. As condenações se devem graduar

em proporção à capacidade econômica de quem deve satisfazê-las e podem ser deixadas sem efeito ou reajustadas se aquele desiste de sua resistência e justifica total ou parcialmente o seu proceder.

A observância das ordens judiciais proferidas contra autoridades públicas se rege pelas normas próprias do direito administrativo.[37] (grifo nosso)

Essa alteração faz sentido quando se lembra de que as astreintes contra a Administração Pública são arcadas pelo contribuinte e não pelo servidor recalcitrante, razão de realmente não fazerem sentido contra o Estado.

1.4 DO PROBLEMA DA INADIMPLÊNCIA ESTATAL NA ARGENTINA.

AGOSTÍN GORDILLO escreveu em sua obra Tratado de Direito Administrativo um capítulo denominado "A Responsabilidade do Estado na Prática"[38] em texto amargurado, emocionado e emocionante, no qual começa por afirmar que muitos não acionam o Estado porque não tem fé na Justiça e não conseguem um processo em tempo razoável, ou sequer uma reparação.

Esse autor menciona vários casos de abusos cometidos pelo governo argentino, chegando a questionar se realmente existe uma responsabilidade do Estado. Ele observa que a consequência disso é a fuga de capitais do país e a não entrada de outros, os quais passam a aportar em países onde há mais segurança jurídica, fato que acaba por aumentar a exclusão social porque a economia colapsa com falta de investimentos.

Nem mesmo a moeda estrangeira, ou o Direito estrangeiro ou a jurisdição estrangeira servem de garantia porque não há como executar a sentença para recuperar o capital perdido.

Há aqueles com esperança de vida suficiente e condições financeiras para suportar os longos anos do litígio contra o Estado, contudo normalmente o valor fixado pela justiça é bem inferior ao do dano sofrido ou, quando há corrupção, notoriamente superior.

Seja como for, há uma longa distância entre ganhar uma sentença contra o Estado e cobrar o dinheiro devido, tentando a Administração evitar o pagamento e a Justiça não se conscientiza do tempo que o particular leva para receber o dinheiro que a sentença lhe reconheceu como devido.

Esse fato não está ligado aos anos turbulentos sofridos pela Argentina, pois é um problema muito mais antigo porque sempre houve grande dificuldade em responsabilizar o Estado e os grandes lapsos de tempo que transcorrem entre a produção do ato danoso e o recebimento da indenização acabam com o seu sentido reparatório.

Cobrar essas sentenças é quase como cobrar uma herança, algo que o destino decidiu que se receberia, mas sem motivos para alegria e sim para tristeza.

Apenas o processo de conhecimento consome de quatorze a vinte anos, atualmente até mais, pois hoje em dia entre o fato e a execução transcorrem mais de vinte e seis anos, quando então quase todos estarão mortos, o que leva AGOSTÍN GORDILLO a questionar que tipo de responsabilidade é essa que tem o Estado argentino.

Com a sentença em mãos, aquele que decide cobrar o Estado ainda se defronta com a inflação, cujos índices oficiais nunca refletem a realidade e, mesmo se refletissem, nunca seriam pagos.

Esses fatos todos fazem com que as pessoas prefiram cobrar em bônus, e esses bônus são pagos em longo prazo, até trinta anos a mais de prazo, significando que se está diante de uma sentença desvalorizada, pois se na sentença o número era cem, no bônus será cem menos "x".

Se a pessoa decide vender os bônus deve fazê-lo a preço de mercado e o mercado descontará toda a imensa incerteza que existe sobre o futuro. Se a pessoa guardar os bônus para sua velhice, o Estado caloteará várias vezes ao mesmo bônus. O Estado já fez isso tantas vezes que AGOSTÍN GORDILLO o chama de "caloteiro serial", título esse mais sério ainda que o de "devedor eterno" que já tinha ganhado há um século e meio atrás.

Não bastasse isso, os bônus têm suas regras constantemente alteradas quando deveriam ser considerados matéria de execução de sentença judicial firme e estabelecida. Isso faz com que a discussão seja reaberta, com novos incidentes, perda misteriosa de autos, havendo necessidade de retornar à Justiça e peregrinar pela Administração, além de ser necessário rezar para que não ocorra nenhum fato político que dificulte a questão, nem que apareça uma situação ainda mais misteriosa.

AGOSTÍN GORDILLO disse que há um pensamento generalizado, até na opinião pública, de que se deve pagar o mínimo possível, por ser isso favorável ao Erário, dizendo que "pagar é sempre fonte de suspeitas, não pagar é insuspeitável".[39] Por isso até o Judiciário não permite retirar o dinheiro imediatamente. Sobre isso esse autor diz sarcasticamente que não o pode fazer para proteger seu bom nome e honra. Pagar de forma eficiente e rápida é suspeito, sendo honroso pagar tardiamente, mesmo que o que se vai pagar não seja grande coisa, mas apenas um terço do que se esperava e após vinte e cinco anos, quando ainda estão discutindo coisas.

Tristemente continua:

> Qualquer leitor inteligente sabe como termina a história: o cliente, velho e enfermo, finalmente se rende, reverte sua recusa ao acordo que já havia caducado e cobra o que queiram dar-lhe, como queiram dar-lhe, quando queiram dar: ao menos o recebe em vida, como uma dádiva de caridade, uma esmola, uma ajuda estatal à indigência.[40]

Quanto aos honorários, ele contou uma anedota na qual o advogado doou os míseros honorários estabelecidos pelo Tribunal à biblioteca do Tribunal, mas depois revogou a doação por ingratidão, frente à previsível repreensão que o Tribunal lhe fez.

Outra coisa que ocorre é que a Administração, se e quando paga, faz contas erradas e deposita metade dos bônus correspondentes com o propósito de seguir litigando sem pagar porque naquele país parece não haver coisa pior que pagar as dívidas, e se alguém se propõe a fazê-lo poderia ser denunciado penalmente, pois AGOSTÍN GORDILLO disse, com sua peculiar ironia, ser um crime querer cobrar do Estado e tem o seu castigo.

Muitas vezes se prefere resolver a questão politicamente, mesmo que já se tenha até ganhado cautelares na Justiça, pois a Administração força a desistir do feito e até do recurso administrativo, mesmo que se tenha produzido um ato ilegítimo e a Justiça tenha concedido uma cautelar para suspendê-lo.

Informa AGOSTÍN GORDILLO que ele, como advogado, ao mencionar o valor de seus honorários ouviu um empresário dizer que o valor pedido a esse título era muito porque o empresário o procurara apenas por suas aptidões jurídicas, pois se desejasse alguém para gestões políticas teria procurado outro, sendo descabido o valor pedido para uma solução apenas jurídica.

Ele disse ainda que outro empresário lhe perguntou se tudo isso que lhe fora pedido de honorários era para os funcionários e quando AUGUSTÍN GORDILLO disse que não, que era para seu trabalho de advogado, o cliente lhe retrucou "para você? Não homem, se fosse para os funcionários ... bem."[41]

Ele afirmou que a regra é os funcionários dizerem não, pois dizer sim traz problemas e negar não traz problemas para o funcionário, porém o traz para o Estado cuja dívida interna e externa cresce e um dia terá que ser paga.

Ele então cobrou uma reação social a esse problema dizendo que não se pode pactuar com a corrupção e que a culpa disso tudo não está no Direito, nem no Judiciário e nem na Administração, mas sim no povo.

Impressiona a semelhança da Argentina com a situação do Brasil. A sensação que se tem é que não há fronteiras entre os dois países quando se trata de desrespeito e descaso pelo Direito.

CAPÍTULO II - O PAGAMENTO DAS CONDENAÇÕES JUDICIAIS PECUNIÁRIAS NOS ESTADOS UNIDOS DA AMÉRICA DO NORTE.

2.1 – SISTEMA JURÍDICO DO "COMMON LAW".

O sistema denominado "Common Law" surgiu na Inglaterra e hoje é o adotado por vários países nos quais houve a colonização britânica, entre eles os Estados Unidos da América.

A expressão Common Law tem sido mal interpretada para se entender que se trata de um direito costumeiro,[42] o que não é fato como se verá em seguida.

O sistema do Common Law tem origem histórica, com mais de mil anos de evolução e ainda está em formação e aperfeiçoamento.[43]

A Justiça do povo anglo-saxão, mesmo depois da invasão normanda, incluía as denominadas ordálias, as quais foram abolidas pelo rei Willian II, cujo reinado foi de 1087 a 1100. O julgamento por combate, contudo, só foi abolido oficialmente em 1818.

O estabelecimento do sistema moderno de Justiça britânico foi iniciado pelo rei Henrique II (1154-1189), que criou o sistema de julgamento por doze jurados cavalheiros (Knights), para decidir disputas de propriedade de terra.

Esse rei criou também o denominado "King's Bench" em Westminster, além de um sistema de juízes viajantes os quais deveriam usar as leis feitas pelos juízes de Westminster. Esse fato substituiu muitos costumes locais por leis nacionais baseadas nos precedentes do "King's Bench", as quais eram comuns a todos os ingleses, pois a todos se aplicavam, razão de serem chamadas de leis comuns, ou em inglês "Common Law", em oposição às leis locais que só valeriam para um local.[44]

A base do "Common Law" é o precedente judiciário que tem natureza vinculante e não o costume, embora aspectos costumeiros sejam considerados até parte da Constituição Inglesa não escrita.

Nesse sistema, a jurisprudência da corte superior é vinculante para as inferiores a ela, bem como em relação à corte superior mesma para casos futuros iguais, tornando-se a lei da terra para o povo e o governo.[45]

Essa ideia de vinculação é denominada "Stare decisis" sobre a qual ensinou CHARLES D. COLE tratando do sistema norte-americano:

> A doutrina do Stare decisis na cultura jurídica dos Estados Unidos simplesmente significa que uma vez que a Corte de última instância no sistema judiciário federal ou estadual decida um princípio de direito para o caso em julgamento, estabelecendo assim um precedente, a Corte continuará a aderir a este precedente, aplicando-o a casos futuros nos quais os fatos relevantes sejam substancialmente os mesmos, ainda que as partes não sejam as mesmas. Portanto, "precedente" é a regra jurídica usada pela Corte de última instância no local em que o caso foi decidido, aplicado aos fatos relevantes que criaram a questão de mérito levada perante a Corte para decisão. Stare decisis é a política que exige que as Cortes subordinadas à Corte de última instância, a qual estabelece o precedente, sigam aquele precedente, e "não mudem uma questão decidida". Esse princípio, aplicando a doutrina do Stare decisis para estabelecer precedente vinculante, veio para a cultura jurídica dos Estados Unidos da tradição do Common Law inglês.[46]

Nesse sistema há legislação escrita emanada do Parlamento e hoje também da União Europeia, no que tange ao Reino Unido, enquanto não realizada a saída da União (Brexit), bem como elaborada pelo Legislativo federal ou estadual, no que diz respeito aos Estados Unidos da América. Com a saída do Reino Unido da União Europeia as normas dessa não mais se aplicarão a ele.

No Reino Unido, as normas do Parlamento não podem ter sua validade discutida no Judiciário, diversamente do que ocorre nos Estados Unidos, pois no Reino Unido não há uma Constituição escrita para servir de base para o controle judiciário da constitucionalidade das leis. [47]

Contudo, curiosamente, "isso não significa que as cortes não tenham influência sobre o desenvolvimento da lei emanada [do Parlamento]; pois para ser aplicada, mesmo que promulgada, cada lei tem que ser interpretada, e as cortes são as intérpretes reconhecidas da lei."[48] Daí decorre a expressão "judge made Law", mesmo no caso de leis cuja origem seja o Parlamento ou o Legislativo federal ou estadual, no caso norte-americano.

As principais fontes do direito são a legislação, ou seja, a lei escrita, e o precedente judicial, já as fontes secundárias são os costumes e a doutrina.[49] Aliás, em tal sistema o estudo do Direito nas faculdades tem ênfase nos precedentes e não na doutrina.

Existe ainda no sistema do Common Law o que se denomina de "Equity". Tal sistema foi criado na tentativa de se obter uma solução mais justa para os litígios, o que nem sempre se dava ao se seguir as orientações de Westminster.

Pouco a pouco se possibilitou um recurso ao Chanceler para que ele desse ao caso concreto não apenas uma decisão de acordo com a lei do Common Law, mas também de acordo com o que seria justo e moral.

Daí surgiu o Tribunal da Chancelaria, ao lado do Tribunal de Westminster, sendo que o primeiro proferia decisões baseadas na Equity e o segundo baseado na Common Law. Hodiernamente, todas as cortes aplicam tanto as regras da Common Law quanto da Equity, não havendo mais a distinção que havia no passado.[50]

Os Estados Unidos da América (EUA) ao se separarem da Inglaterra adotaram a lei inglesa, até hoje aplicada em suas cortes, fazendo adaptações ao longo do tempo, mas a maior diferença com o Reino Unido reside no fato de que os EUA possuem uma Constituição escrita, a qual é considerada a lei suprema de toda a terra.[51]

Tal característica deu origem ao que lá se denominou "Judicial Review", aqui denominada de controle de constitucionalidade das leis, pelo qual o Poder Judiciário pode declarar inválidos atos tanto do Poder Legislativo quanto do Poder Executivo. Tal sistema de governo foi estabelecido no caso Marbury versus Madison em 1803 pelo Ministro MARSHAL e baseado nas ideias dos federalistas.[52]

Tal poder dá origem ao ativismo judiciário que muitas vezes coloca políticas públicas do Judiciário em confronto com políticas públicas estabelecidas pelo Poder Executivo e pelo Poder Legislativo,[53] em que pese o fato de a Suprema Corte respeitar o princípio da separação de poderes, como ensina JAMES Q. WILSON:

> De vez em quando a Corte reconhece que os Fundadores nunca tiveram a intenção de criar um

governo baseado numa rígida separação dos poderes, e sim um governo com base, segundo as palavras de Richard E. Neustadt, em instituições separadas num como condomínio de poderes. Mas sempre que o Judiciário se pronuncia especificando como esses poderes têm de ser divididos, ele tende a dar a essas palavras a conotação mais estrita possível.[54]

Com essa breve explicação sobre o sistema do Common Law já se pode questionar como é feita a execução por quantia certa contra a Fazenda Pública nos Estados Unidos da América do Norte, primeiro analisando o litígio contra a Fazenda.

2.2 – O LITÍGIO CONTRA A FAZENDA PÚBLICA NOS ESTADOS UNIDOS.

2.2.1 – IMUNIDADE JUDICIÁRIA DA FAZENDA PÚBLICA (SOVEREIGN IMMUNITY).

No sistema judicial norte americano existe a regra do "Sovereign Immunity", a qual significa que há uma inviabilidade de apreciação dos atos da administração pelo Judiciário, ou, em outras palavras, que a Fazenda Pública não pode ser ré.

Na tradução de "Sovereign Immunity" não se usará a expressão "Imunidade Soberana" porque ela é equívoca, dando a entender que a imunidade é soberana, o que não faz sentido em português, lembrando-se que a tradução não pode ser literal, mas adaptada à forma e cultura que envolvem a língua para a qual se traduz. [55]

Também a tradução não pode ser "Imunidade do Soberano", o que se percebe exemplificando com países de onde tal regra adveio. No Reino Unido se afirma que soberano é o monarca,[56] enquanto que nos Estados Unidos se diz que é o povo, iniciando a Constituição Americana[57] dizendo "We the People of the United States", ou, em vernáculo, "Nós o Povo dos Estados Unidos".[58] Portanto, a tradução "Imunidade do Soberano" é prenha de ambiguidades.

Por estranho que pareça, convém notar que a impossibilidade de ser réu não é avessa ao sistema jurídico do Brasil. Exemplificando: a própria Constituição da República[59] no art. 53 prevê que Deputados e Senadores são invioláveis, civil e penalmente, por quaisquer de suas opiniões, palavras e votos, chamando-se essa regra de imunidade[60] e quando julgou a mesma questão relativa a advogados, o Supremo Tribunal Federal consagrou a expressão "imunidade judiciária",[61] a qual é a mais adequada por ser mais abrangente, servindo bem para a tradução aqui pretendida.

Essa imunidade judiciária da "Sovereign Immunity" deve ser entendida como sendo da Fazenda Pública, pois é ela que é ré quando se combate atos governamentais pela via cível, salvo em mandado de segurança, o que não vem ao caso aqui.

Por tudo isso, se traduz "Sovereign Immunity" como "Imunidade Judiciária da Fazenda Pública".

O instituto jurídico da "Imunidade Judiciária da Fazenda Pública" é de larga antiguidade e surgiu devido à doutrina do "rex gratia Dei", ou seja, aquele que é rei o é pela graça de Deus e, por isso, os reis tinham um direito divino de governar, razão pela qual virar-se contra o rei era o mesmo que fazê-lo contra Deus.[62]

No século XIII, durante o reinado de HENRIQUE III da Inglaterra, estabeleceu-se que o rei deveria seguir as leis de Deus e que o rei era a fonte da Justiça, por isso ele estava obrigado pela lei e consciência a reparar os danos sofridos pelos seus súditos. A expressão "the king can do no wrong" (o rei não pode errar) originalmente significava que o rei não deve, não tem permissão ou direito de errar.

As ações judiciais contra o rei eram permitidas por meio de um processo conhecido como "a petition of right", mas só poderiam ser propostas com o consentimento régio, o que na prática ocorria, pois a permissão normalmente era dada. Essa permissão advinha da ideia de que uma lei fora violada e não num possível erro do rei.[63]

Como as ações judiciais eram frequentes, na verdade o conceito de "Imunidade Judiciária da Fazenda Pública" era uma ideia abstrata para os britânicos que não impedia os súditos de exercer seu direito de receber tutela jurisdicional contra ilegalidades governamentais.

Mesmo hoje em dia, falando do sistema inglês, JAMES S. PHILIP ensina que a Rainha, na sua condição particular, não pode ser processada por danos, embora seja possível, pela graça de Sua Majestade, que ela consinta em ser processada no que diz respeito a questões contratuais ou de propriedade por um processo antiquado denominado "Petition of Right Procedure".[64]

Com a independência dos EUA, não havia mais um rei e os pedidos contra ilegalidades eram direcionados aos Legislativos estaduais, com a diferença de que os Legislativos não mais autorizavam automaticamente as ações judiciais como o fazia o rei devido a receios relacionados a dívidas, deixando muitos sem amparo legal.[65]

Tal problema foi resolvido parcialmente pela Constituição que estabeleceu no seu Capítulo III, Seção II, artigo 1º:[66]

> O Poder Judiciário será exercido em todos os casos de acordo com esta Constituição, sejam relativos à lei, equidade, leis dos Estados Unidos e tratados realizados ou que venham a ser realizados pela autoridade dos Estados Unidos, bem como com relação a todas as questões pertinentes a embaixadores, outros servidores públicos e cônsules, inclusive referentes à jurisdição marítima e de almirantado, e igualmente para os processos em que sejam parte os Estados Unidos **e em que se tratar de controvérsias entre dois ou mais Estados, entre um Estado e cidadãos de outro Estado pedindo terras concedidas por Estados diversos, e entre um Estado e cidadãos dele, e também Estados estrangeiros, seus cidadãos ou súditos.** (grifo nosso)[67]

Esse dispositivo deu a entender que as cortes federais não precisavam mais de autorização dos Estados para julgar os casos contra eles, o que gerou debates durante a ratificação, tendo os constituintes

JAMES MADISON, JOHN MARSHALL e ALEXANDER HAMILTON afirmado que a regra só valia se o Estado fosse autor. Por outro lado, os constituintes EDMUND RANDOLPH e JAMES WILSON afirmaram que ela valia para todos, pois somente perante um tribunal federal o cidadão e o Estado estariam em pé de igualdade. Com as divergências a questão ficou para a Suprema Corte decidir.[68]

A regra da "Imunidade Judiciária da Fazenda Pública" realmente não se encontra na Constituição norte-americana, mas tem sido considerada inerente à cultura legal americana, embora a Suprema Corte admita que se o agente público agir de forma ilegítima ou com abuso de autoridade tal imunidade não existe.[69]

Como a norma constitucional não estava clara a questão chegou à Suprema Corte em 1793 no caso Chisholm v. Georgia. O caso foi trazido à Suprema Corte por dois cidadãos do Estado da Carolina do Sul contra o Estado da Geórgia porque esse Estado tomou propriedade de homens leais à Coroa durante a Revolução Americana. A Suprema Corte aceitou julgar o caso e o fez a favor dos cidadãos, mesmo na ausência dos advogados da Geórgia.[70]

Isso alarmou os Estados, temerosos de terem que pagar velhos débitos para "Tories", nome dado aos que foram fiéis à Coroa Britânica durante a revolução, bem como comoção social, o que deu origem à Décima Primeira Emenda à Constituição Americana.

2.2.2 – A DÉCIMA PRIMEIRA EMENDA À CONSTITUIÇÃO AMERICANA.

No dia 04 de março de 1794 o Congresso americano aprovou essa emenda, a qual foi ratificada pelos Estados em 1798, dispondo ela:

> O poder do Judiciário dos Estados Unidos não deve ser entendido de forma a permitir que cidadãos de outro Estado, ou cidadãos ou súditos de qualquer Estado estrangeiro, possam entrar ou prosseguir com ação contra um dos Estados Unidos.[71]

Discutiu-se na Suprema Corte a retroatividade da emenda, bem como sua validade formal, no caso Hollingsworth v. Virginia, decidindo a Corte que a emenda não só era válida como deveria ter aplicação retroativa.[72]

A Décima Primeira Emenda à Constituição dos Estados Unidos tem sido estendida pela Suprema Corte no sentido de impedir ações em cortes federais por cidadãos contra seus próprios Estados, dessa forma estabelecendo a mesma regra para os casos pertinentes a tal emenda. [73]

Essa emenda deu origem a toda construção jurisprudencial da Suprema Corte com relação à "Imunidade Judiciária da Fazenda Pública" e, se por um lado ameaça os direitos que a Constituição e as leis federais concedem, por outro garante a autonomia dos Estados frente ao Governo Central.

Na tentativa de superar o problema da falta de proteção do cidadão a Suprema Corte criou alguns mecanismos como permitir ações contra agentes estaduais, aceitar que os Estados abram mão da sua imunidade, bem como permitindo ações contra os Estados para garantir a aplicação da XIV emenda.[74]

A regra pode ser expressa em cada Estado, como, por exemplo, o fez o Estado do Alabama em sua Constituição,[75] embora tal regra não seja absoluta nesse Estado.[76]

Mas o fato de o Estado se autoconceder essa imunidade não o exime de cumprir a Constituição dos Estados Unidos e as leis federais, como já decidiu a Suprema Corte no caso Alden v. Maine de relatoria do Ministro KENNEDY.[77]

2.2.3 – "IMUNIDADE JUDICIÁRIA DA FAZENDA PÚBLICA" VERSUS O IMPÉRIO DA LEI.

O princípio da "Imunidade Judiciária da Fazenda Pública" coloca em cheque o princípio do Império da Lei, pois põe o Estado acima da própria lei, colocando o interesse dos indivíduos à mercê da caridade do Estado.[78]

Mesmo nos Estados Unidos reconhece-se que o princípio da "Imunidade Judiciária da Fazenda Pública" coloca o Estado e seus agentes acima da Constituição e da lei.

A Suprema Corte tem interpretado esse princípio de forma contrária à história política e filosófica dos Estados Unidos, fazendo com que o cidadão saia sempre perdedor e isso sem qualquer amparo no texto constitucional, ou pior, claramente contrário a ele.

Os Estados Unidos libertaram-se da Inglaterra porque o rei JORGE III não cumpria a lei e a própria Suprema Corte afirmou que "nada pode destruir um governo mais rápido do que a sua inabilidade de respeitar suas próprias leis, ou pior, a sua desconsideração pela Carta da sua própria existência."[79]

A posição da Suprema Corte é muito relevante e pode ameaçar a democracia tornando letra morta a Constituição e os direitos que garante, pois quando a Suprema Corte interpreta a Constituição de forma equivocada nada há por fazer, porque ela é o árbitro final do que a Constituição quer dizer.

Nas vezes em que o Congresso não apoiou as decisões da Suprema Corte com relação à Constituição e tentou reverter a situação por meio de legislação a Corte severamente advertiu o Congresso de que a primazia de declarar a Constituição é dela.[80]

Entretanto, o Congresso dos Estados Unidos por lei tem aberto mão da "Imunidade Judiciária da Fazenda Pública" relativamente a ações a serem propostas contra os EUA, mas concedendo competência apenas à Justiça Federal de lá para tais feitos.[81]

Contudo, a Suprema Corte entendeu que o Congresso pode recusar abrir mão da "Imunidade Judiciária da Fazenda Pública" em quaisquer casos. Porém, no caso Califórnia versus Arizona, o mesmo tribunal decidiu que depois de o Congresso ter aberto mão da "Imunidade Judiciária da Fazenda Pública" é bastante remota a possibilidade de retirar o poder da Suprema Corte julgar tais casos.

Depois disso, a Suprema Corte tem evitado essa questão constitucional interpretando a lei federal no sentido de que ela exclui somente a jurisdição das cortes estaduais em tais casos e confina a jurisdição sobre os mesmos às cortes federais, o que permite que o caso seja trazido à Suprema Corte.[82]

Podem ser citados os seguintes exemplos de casos em que o governo federal norte americano tem aberto mão da sua "Imunidade Judiciária da Fazenda Pública" por meio de atos legislativos:

1) Contract Dispute Act;
2) The Tucker Act;
3) Tort Claims Act;
4) Admiralty Act; [83]
5) Military Personnel and Civilian Employees Claims Act;
6) Federal Employees Compensation Act;
7) Dispensas feitas contratualmente.[84]

Transcende o objetivo deste estudo a análise das exceções a essa regra norte americana, cujos detalhes foram expostos pelo Professor Charles Cole.[85]

Dito isso, pode-se ver o que ocorre quando há condenação judicial para pagamento em dinheiro.

2.3 – O PAGAMENTO DAS CONDENAÇÕES JUDICIAIS PECUNIÁRIAS NO SISTEMA FEDERAL NORTE AMERICANO.

Focar-se-á no sistema federal porque os vários Estados norte-americanos têm regulamentação própria e o estudo individual de cada um deles seria por demais extenso e inapropriado para os propósitos aqui perseguidos.

Em sendo condenado o governo federal a realizar um pagamento em dinheiro a execução se dá por meio de um mandado de execução (writ of execution), salvo regulamentação diversa.[86]

A respeito de tais pagamentos reza a Constituição dos Estados Unidos da América no seu Capítulo I (O Poder Legislativo), Seção 09 (Limites do Congresso), Artigo 07:[87]

> No money shall be drawn from the treasury, but in consequence of appropriations made by law; and a regular statement and account of receipts and expenditures of all public money shall be published from time to time.

O que em vernáculo seria numa tradução livre:

> Nenhum dinheiro será tirado do tesouro a não ser em razão de dotações orçamentárias legais e será publicado um balanço das receitas e despesas públicas de tempos em tempos.

O vocábulo "appropriation" aí tem o sentido de "dotação orçamentária" o que se percebe na tradução feita da Constituição Brasileira pelo "International Constitutional Law Project Information":

> Article 100 [Special Payments] (0) Except for alimony credits, payments owed by the Federal, State or Municipal Treasuries by virtue of a court decision is made exclusively in chronological order of submission of the judicial requests and on account of the respective credits, it being forbidden to designate cases or persons in budget **appropriations** and in additional credits opened for such purpose. (grifo nosso).[88]

A tradução realizada pelo Senado Federal segue na mesma trilha:

> Article 100. Payments owed by the federal, state, Federal District, or municipal treasuries, by virtue of a court decision, shall be made exclusively in chronological order of submission of court orders and charged to the respective credits, it being forbidden to designate cases or persons in the budgetary **appropriations** and in the additional

43

credits opened for such purpose. (grifo nosso)[89]

Igualmente o Black's Law Dictionary abona a tradução que aqui é feita,[90] além do que é a única que faz sentido em português.

Portanto, a constituição americana, igual à brasileira, proíbe qualquer pagamento de qualquer verba por qualquer motivo sem prévia dotação orçamentária.

A princípio, o Congresso analisava os casos e fazia dotações individuais uma a uma, o que gerou uma enorme carga de trabalho, levando à criação do denominado "Judgment Fund",[91] o qual se traduz por "Fundo Judicial", criado em 1956 e regulado pela norma "31 U.S.C. § 1304". [92]

Esse fundo é administrado pela Seção do Fundo Judicial (Judgment Fund Section), parte do Escritório do Serviço Fiscal do Departamento do Tesouro dos Estados Unidos (United States Department of the Treasury, Bureau of the Fiscal Service).

Há ainda um Fundo especial para condenações judiciais criado pela lei em favor de tribos indígenas administrado pelo Secretário do Interior ("The Indian

Tribal Judgment Funds Use or Distribution Act"),[93] mas aqui se falará apenas do caso geral.

Uma verba só pode ser retirada do Fundo se a sua fixação amigável com o Departamento de Justiça ou judicialmente pela via litigiosa for definitiva (transitada em julgado) e devem resultar de pedidos que foram ou poderiam ter sido objeto de discussão judicial, não podendo ser usado o Fundo se houver outra fonte que possa pagar o que for devido.

O Fundo consiste em uma dotação permanente e indefinida que não exige novas atividades do Congresso e não se extingue no fim do ano fiscal, mas só serve para pagamento de condenações ou acordos em dinheiro. A dotação feita é ilimitada e o fundo também paga taxas judiciais e honorários de peritos.

Há a possibilidade de se pagar condenações judiciais por outras dotações ou disposições legais como, por exemplo, as dotações anuais para o Fundo de Conservação da Água e Terra o qual deve ser usado quando o Serviço de Parques dos Estados Unidos for condenado em uma questão de terras.

Os tribunais procuram por dotações que tenham especificidades programáticas, independentemente do uso que a agência que controla tais programas faça de suas verbas. Se a agência não tiver verba suficiente ela deve pedir uma dotação adicional ao Congresso.

As condenações decorrentes de julgamentos administrativos não podem ser pagas por esse Fundo, mas sim pelas dotações da agência governamental envolvida, posto que ele é exclusivamente judicial, salvo se ocorreu acordo de questão litigiosa judicializável.

O Congresso aprovou uma lei que exige que as agências governamentais restituam os gastos que o Fundo tiver em relação a elas (The Contract Disputes Act of 1978 (CDA))[94] e isso foi feito para incentivar as agências a fazer acordos, bem como para torná-las responsáveis pelos custos de julgamentos. O mesmo ocorre nos casos de discriminação ou assédios no local de trabalho sofridos por empregados federais (The Notification and Federal Employee Antidiscrimination Act of 2002).[95]

Os pagamentos a partir do Fundo de Julgamento ou Judicial só podem ser requeridos por oficiais autorizados de uma agência federal. Requerimentos feitos por outras pessoas são considerados fraudulentos. Apresentar um pedido falso ou fraudulento constitui um crime federal punível com multas, prisão ou ambas (31 U.S.C. § 3279 and 18 U.S.C § 287).[96]

Tais requerimentos realizados pelas agências podem ser feitos por fax, correio ou eletronicamente pelo sistema de internet do Fundo Judicial, já o Fundo realiza pagamento por meio de transferência eletrônica de fundos para a conta do credor estabelecida na sentença ou no acordo. Estando o requerimento em ordem o pagamento é feito em duas semanas a contar da chegada do pedido eletrônico realizado no sistema próprio, mas se o pedido não for eletrônico o tempo consumido é entre quatro e seis semanas. Se houver necessidade de correções ou mais informações evidentemente o tempo será mais longo.

Nem sempre a situação foi tranquila, sendo que, na crise ocorrida nos anos 1990, houve receio crescente por parte das agências federais de que o Fundo pudesse ficar insolvente, pois há restrições legais e constitucionais impedindo as agências de obrigar pagamentos por fundos quando não houver dotação suficiente.

O Fundo sempre foi uma fonte de perpétua discussão e controvérsia, especialmente hoje em dia em que as dificuldades econômicas e fiscais existentes ameaçam constantemente.

No ano de 2013, surgiu o "Judgment Fund Transparency Act" (Lei de Transparência do Fundo Judicial), hoje na versão de 2017,[97] o qual exige que o Secretário do Tesouro coloque numa página acessível da Internet os dados dos pagamentos realizados trinta dias após o pagamento, salvo se houver sigilo judicial ou legal no caso, podendo o credor acompanhar na internet o andamento do seu pagamento. O motivo principal desta lei foi que suspeitas e constatações de desvios e irregularidades estavam ocorrendo.[98]

Mesmo com as dificuldades narradas, para um credor da Fazenda Pública brasileiro receber em seis semanas parece fantástico. Mas tudo indica que se caminha para isso, pois as requisições de pequeno valor devem ser pagas em até sessenta dias.

CAPÍTULO III - O PAGAMENTO DAS CONDENAÇÕES JUDICIAIS PECUNIÁRIAS EM PORTUGAL.

3.1 – O SISTEMA JURÍDICO PORTUGUÊS.

O sistema jurídico português muito se assemelha ao brasileiro, pois lá se adota o Sistema Europeu Continental de Direito e as bases históricas são equivalentes às daqui.

Já a forma da jurisdição diverge, pois Portugal adotou um sistema em que as questões relativas à Administração Pública são submetidas a uma jurisdição apartada especializada em questões administrativas e fiscais.

MARIA DA GLÓRIA FERREIRA PINTO DIAS GARCIA informa que o Conselho de Estado foi criado no ano de 1845 pela Carta de Lei de 3 de maio, fruto da Revolução Liberal de inspiração francesa, a qual fez surgir um Executivo forte e embora os monarcas portugueses não tivessem tido as dificuldades que os franceses tiveram com seus juízes, a corrente filosófica do jusnaturalismo de base racionalista fez com que tal sistema se implantasse em terras lusas. [99]

No seu desenvolvimento histórico tal Conselho teve funções jurisdicionais e consultivas, acabando por se transformar no que é hoje o Supremo Tribunal Administrativo.[100]

Portugal é um país parlamentarista e sua Constituição[101] na sua terceira parte organiza o Poder de forma diversa da brasileira.

Assim é que, topograficamente, ela primeiro trata do Presidente da República (Título II da Constituição) a quem cabe representar a República Portuguesa, garantir a independência nacional, a unidade do Estado e o regular funcionamento das instituições democráticas e é também o Comandante Supremo das Forças Armadas. O Presidente é auxiliado pelo Conselho de Estado, seu órgão político de consulta (art. 141 da Constituição Portuguesa).

No Título III, a Constituição Portuguesa prevê o que seria para nós o Poder Legislativo, lá unicameral e exercido pelos deputados da Assembleia da República.

Já no Título IV, essa Carta Magna prevê o Governo, órgão de condução da política geral do país e o órgão superior da administração pública, o qual é constituído pelo Primeiro-Ministro, pelos Ministros e pelos Secretários e Subsecretários, podendo haver um ou mais Vice-Primeiros-Ministros.

Aos tribunais é reservado o Título V e aí se prevê órgãos que aqui não são enquadrados na categoria de Poder Judiciário, dizendo a Constituição de lá:

> Artigo 209.º (Categorias de tribunais)
>
> 1. Além do Tribunal Constitucional, existem as seguintes categorias de tribunais:
>
> a) O Supremo Tribunal de Justiça e os tribunais judiciais de primeira e de segunda instância;
>
> b) O Supremo Tribunal Administrativo e os demais tribunais administrativos e fiscais;
>
> c) O Tribunal de Contas.
>
> 2. Podem existir tribunais marítimos, tribunais arbitrais e julgados de paz.
>
> 3. A lei determina os casos e as formas em que os tribunais previstos nos números anteriores se podem constituir, separada ou conjuntamente, em tribunais de conflitos.
>
> 4. Sem prejuízo do disposto quanto aos tribunais militares, é proibida a existência de tribunais com competência exclusiva para o julgamento de certas categorias de crimes.

O Tribunal de Contas, diversamente do que ocorre no Brasil, é considerado como parte do Poder Judiciário e se observa a existência de dois supremos tribunais: um a representar a Justiça que poder-se-ia chamar de Justiça Comum, mas lá se chamam tribunais e juízes judiciais, e outro a Administrativa e Fiscal.

A competência dos juízes e tribunais judiciais é prevista de forma residual como se vê no art. 211 da Constituição,[102] pois o que não for matéria de outros juízes e tribunais será dessa Justiça "Comum".

A competência da Justiça Administrativa e Fiscal é definida da seguinte forma:

> Artigo 212.º
>
> (Tribunais administrativos e fiscais)
>
> 1. O Supremo Tribunal Administrativo é o órgão superior da hierarquia dos tribunais administrativos e fiscais, sem prejuízo da competência própria do Tribunal Constitucional.
>
> 2. O Presidente do Supremo Tribunal Administrativo é eleito de entre e pelos respectivos juízes.
>
> 3. Compete aos tribunais administrativos e fiscais o julgamento das acções e recursos contenciosos que tenham por objecto dirimir os litígios emergentes das relações jurídicas administrativas e fiscais.

Essa é uma Justiça separada e especializada, a tal ponto de ter um estatuto e organização próprios[103] e também a administração de cada Magistratura é separada como consta no art. 217 da mesma Carta.[104]

O Tribunal Constitucional, embora previsto como parte dos tribunais no art. 209, 1, supramencionado, é tratado no Título VI e é conceituado como sendo o tribunal ao qual compete especificamente administrar a justiça em matérias de natureza "jurídico-constitucional" e sua competência é tratada no art. 223.[105]

Esse tribunal tem competências de cunho político e eleitoral, exercendo entre as suas funções as que no Brasil seriam do Supremo Tribunal Federal e algumas dos Tribunais Superiores, inclusive do Tribunal Superior Eleitoral.

O art. 280[106] cuida dos recursos para o Tribunal Constitucional e menciona "tribunais", o que nos termos do art. 209 supracitado inclui o Supremo Tribunal de Justiça e os tribunais judiciais de primeira e de segunda instância; O Supremo Tribunal Administrativo e os demais tribunais administrativos e fiscais; O Tribunal de Contas e outros que forem criados.

Essa última regra dá a impressão que, a rigor, não há uma duplicidade de jurisdição, mas sim uma especialização em várias jurisdições, as quais se unificam no Tribunal Constitucional.

3.2 – DA IMPENHORABILIDADE DOS BENS ESTATAIS EM PORTUGAL.

O Código Civil português[107] dispõe que as regras gerais dos bens se aplicam aos bens do Estado, mas ressalvando regulamentação especial e a natureza desses bens:

> ARTIGO 1304º (Domínio do Estado e de outras pessoas colectivas públicas) O domínio das coisas pertencentes ao Estado ou a quaisquer outras pessoas colectivas públicas está igualmente sujeito às disposições deste código em tudo o que não for especialmente regulado e não contrarie a natureza própria daquele domínio.

Uma regulamentação especial é prevista no Código de Processo Civil português[108] de 2013:

> Artigo 736.º Bens absoluta ou totalmente impenhoráveis.
>
> São absolutamente impenhoráveis, além dos bens isentos de penhora por disposição especial: [...]
>
> b) Os bens do domínio público do Estado e das restantes pessoas coletivas públicas; [...]

> Artigo 737.º Bens relativamente impenhoráveis.
>
> 1 — Estão isentos de penhora, salvo tratando-se de execução para pagamento de dívida com garantia real, os bens do Estado e das restantes pessoas coletivas públicas, de entidades concessionárias de obras ou serviços públicos ou de pessoas coletivas de utilidade pública, que se encontrem especialmente afetados à realização de fins de utilidade pública.

Dessas normas percebe-se que, diversamente do que ocorre no Brasil, há impenhorabilidade relativa de bens públicos e não absoluta.

Observa-se, contudo, que o Código de Processo Civil de Portugal não ressalvou se são impenhoráveis os bens móveis ou imóveis, devendo-se entender que aí estão todos, pois, como ensinado por CARLOS MAXIMILIANO: "quando a lei quis determinou; sobre o que não quis, guardou silêncio" e "interpretam-se as exceções estritissimamente".[109]

3.3 – O PAGAMENTO DAS CONDENAÇÕES JUDICIAIS PECUNIÁRIAS PELA FAZENDA PÚBLICA EM PORTUGAL.

Portugal tem um "Código de Processo nos Tribunais Administrativos" (CPTA)[110] aprovado pela

Lei n.º 15, de 22 de fevereiro de 2002 e esse Código dispõe:

> Artigo 3.º Poderes dos tribunais administrativos
>
> [...]
>
> **3 - Os tribunais administrativos asseguram ainda a execução das suas sentenças, designadamente daquelas que proferem contra a Administração,** seja através da emissão de sentença que produza os efeitos do acto administrativo devido, quando a prática e o conteúdo deste acto sejam estritamente vinculados, seja **providenciando a concretização material do que foi determinado na sentença.** (grifo nosso)

A parte que nos interessa mais é a execução e o CPTA trata do processo executivo no seu Título VIII o qual dispõe no art. 157:

> Artigo 157.º Âmbito de aplicação
>
> **1 - A execução das sentenças proferidas pelos tribunais administrativos contra entidades públicas é regulada nos termos do presente título.**
>
> 2 - A execução das sentenças proferidas pelos tribunais administrativos contra particulares também corre nos tribunais administrativos, mas rege-se pelo disposto na lei processual civil.
>
> 3 - Quando haja acto administrativo inimpugnável de que resulte um

> direito para um particular e a que a Administração não dê a devida execução, ou exista outro título executivo passível de ser accionado contra ela, pode o interessado lançar mão das vias previstas no presente título para obter a correspondente execução judicial.
>
> 4 - Sem prejuízo do disposto em lei especial, o preceituado no número anterior é, designadamente, aplicável para obter a emissão de sentença que produza os efeitos de alvará ilegalmente recusado ou omitido. (grifo nosso)

O CPTA não deixa dúvida com relação à obrigatoriedade das decisões judiciais:

> Artigo 158.º Obrigatoriedade das decisões judiciais
>
> 1 - As decisões dos tribunais administrativos são obrigatórias para todas as entidades públicas e privadas e prevalecem sobre as de quaisquer autoridades administrativas.
>
> 2 - A prevalência das decisões dos tribunais administrativos sobre as das autoridades administrativas implica a nulidade de qualquer acto administrativo que desrespeite uma decisão judicial e faz incorrer os seus autores em responsabilidade civil, criminal e disciplinar, nos termos previstos no artigo seguinte.

O Capítulo III do Título VIII do CPTA é dedicado à Execução para pagamento de quantia certa, dispondo o art. 170:

> Artigo 170.º Execução espontânea e petição de execução
>
> 1 - Se outro prazo não for por elas próprias fixado, as sentenças dos tribunais administrativos que condenem a Administração ao pagamento de quantia certa devem ser espontaneamente executadas pela própria Administração no prazo máximo de 30 dias.
>
> 2 - Quando a Administração não dê execução à sentença no prazo estabelecido no n.º 1, dispõe o interessado do prazo de seis meses para pedir a respectiva execução ao tribunal competente, podendo, para o efeito, solicitar:
>
> a) A compensação do seu crédito com eventuais dívidas que o onerem para com a mesma pessoa colectiva ou o mesmo Ministério;
>
> b) O pagamento, por conta da dotação orçamental inscrita à ordem do Conselho Superior dos Tribunais Administrativos e Fiscais a que se refere o n.º 3 do artigo 172.º.

Portanto, caso a Administração não pague em trinta dias, o interessado pode pedir a compensação de créditos, a qual não tem maiores exigências como no caso brasileiro, ou então que o pagamento seja objeto de dotação orçamentária, sendo a verba colocada à disposição do Conselho Superior dos Tribunais Administrativos e Fiscais.

O art. 171 traz uma regra que se aplicaria muito bem ao caso brasileiro, como se verá, e ao argentino, acima mencionado:

> **Artigo 171.º Oposição à execução**
>
> 1 - Apresentada a petição, é ordenada a notificação da entidade obrigada para pagar, no prazo de 20 dias, ou deduzir oposição fundada na invocação de facto superveniente, modificativo ou extintivo da obrigação.
>
> 2 - **A inexistência de verba ou cabimento orçamental não constitui fundamento de oposição à execução, sem prejuízo de poder ser invocada como causa de exclusão da ilicitude da inexecução espontânea da sentença, para os efeitos do disposto no artigo 159.º.**
> [...] (grifo nosso)

O que se vê é que em Portugal a aqui eterna desculpa de não existir verba não é motivo para a Administração não cumprir o julgado.

Contudo, a inexistência de verba, quando verdadeira, exime o servidor de punições que seriam cabíveis e essas penas do art. 159 são severas:

> Artigo 159.º Inexecução ilícita das decisões judiciais
>
> 1 - Para além dos casos em que, por acordo do interessado ou declaração judicial, nos termos previstos no presente título, seja considerada justificada por causa legítima, a

inexecução, por parte da Administração, de sentença proferida por um tribunal administrativo envolve:

a) Responsabilidade civil, nos termos gerais, quer da Administração quer das pessoas que nela desempenhem funções;

b) Responsabilidade disciplinar, também nos termos gerais, dessas mesmas pessoas.

2 - A inexecução também importa a pena de desobediência, sem prejuízo de outro procedimento especialmente fixado na lei, quando, tendo a Administração sido notificada para o efeito, o órgão administrativo competente:

a) Manifeste a inequívoca intenção de não dar execução à sentença, sem invocar a existência de causa legítima de inexecução;

b) Não proceda à execução nos termos que a sentença tinha estabelecido ou que o tribunal venha a definir no âmbito do processo de execução.

A respeito da compensação diz o art. 172 do CPTA:

Artigo 172.º Providências de execução [...]

2 - Quando tenha sido requerida a compensação de créditos entre exequente e Administração obrigada, a compensação decretada pelo juiz funciona como título de pagamento total ou parcial da dívida que o exequente tinha para com a

> Administração, sendo oponível a eventuais reclamações futuras do respectivo cumprimento. [...]

No que tange ao pagamento via dotação orçamentária reza o CPTA:

> Artigo 172.º Providências de execução [...]
>
> 3 - No Orçamento do Estado é anualmente inscrita uma dotação à ordem do Conselho Superior dos Tribunais Administrativos e Fiscais, afecta ao pagamento de quantias devidas a título de cumprimento de decisões jurisdicionais, a qual corresponde, no mínimo, ao montante acumulado das condenações decretadas no ano anterior e respectivos juros de mora. [...]

Assim, as dívidas oriundas das decisões judiciais são inscritas em dotação do orçamento anual da República Portuguesa na mesma forma das previsões orçamentárias realizadas para as demais dotações, não havendo necessidade de se ter um valor exato, como ocorre aqui com os precatórios.

A forma como o pagamento se dá é prevista em seguida:

> Artigo 172.º Providências de execução [...]
>
> 4 - Quando o exequente o tenha requerido, o tribunal dá conhecimento da sentença e da

> situação de inexecução ao Conselho Superior dos Tribunais Administrativos e Fiscais, ao qual cumpre emitir, no prazo de 30 dias, a correspondente ordem de pagamento. [...]

Portanto, a ordem de pagamento, ou requisição, é expedida de forma centralizada pelo Conselho Superior dos Tribunais Administrativos e Fiscais.

A regra se aplica também às pessoas jurídicas da administração indireta ou autônoma do Estado:

> Artigo 172.º Providências de execução [...]
>
> 5 - Quando a entidade responsável pelo pagamento seja uma pessoa colectiva pertencente à Administração indirecta do Estado, as quantias pagas por ordem do Conselho Superior são descontadas nas transferências a efectuar para aquela entidade no Orçamento do Estado do ano seguinte ou, não havendo transferência, são oficiosamente inscritas no orçamento privativo de tal entidade pelo órgão tutelar ao qual caiba a aprovação do orçamento.
>
> 6 - Quando a entidade responsável pertença à Administração autónoma, procede-se igualmente a desconto nas transferências orçamentais do ano seguinte e, não havendo transferência, o Estado intenta acção de regresso no tribunal competente.
> [...]

Em havendo insuficiência de dotação orçamentária o caminho é a abertura de créditos extraordinários e não a transferência do problema mais para frente:

> Artigo 172.º Providências de execução [...]
>
> 7 - No caso de insuficiência de dotação, o Presidente do Conselho Superior dos Tribunais Administrativos e Fiscais oficia ao Presidente da Assembleia da República e ao Primeiro-Ministro para que se promova a abertura de créditos extraordinários. [...]

Tanto não se admite em Portugal transferir o problema mais para frente ou a inadimplência que a insuficiência de dotação orçamentária é motivo para a Administração perder o privilégio de se ver executar na forma especial supramencionada:

> Artigo 172.º Providências de execução [...]
>
> 8 - Sem prejuízo do disposto no número anterior, o exequente deve ser imediatamente notificado da situação de insuficiência de dotação, assistindo-lhe, nesse caso, o direito de requerer que o tribunal administrativo **dê seguimento à execução, aplicando o regime da execução para pagamento de quantia certa, regulado na lei processual civil**. (grifo nosso).

Cabe, por isso, examinar como se dá a execução por quantia certa na forma da lei processual civil, no caso, o Código de Processo Civil português.

3.4 – A EXECUÇÃO DA FAZENDA PÚBLICA COM BASE NO CÓDIGO DE PROCESSO CIVIL PORTUGUÊS.

Ocorrendo a opção do exequente pela aplicação da lei processual civil o regramento será o previsto no Código de Processo Civil, Lei 41/2013.

O CPC português anterior (Decreto-Lei 44.129 de 28 de dezembro de 1961)[111] previa no seu art. 4º que as ações seriam de duas espécies: declarativas ou executivas, regra mantida pelo art. 10 do Código de Processo Civil de 2013.

Pelo CPC atual a ação executiva é aquela em que o credor pede as medidas necessárias para a realização coativa de uma obrigação a que tenha direito e esse Código tratou do assunto no seu Livro IV preferindo chama-lo "Do processo de execução" e não "Da ação executiva" como o anterior.

Em ambos os códigos as sentenças condenatórias são reconhecidas como títulos executivos, o que foi feito no art. 46, "a", do CPC de 1961 e no art. 703, 1, "a", do atual.

Não entrando em detalhes sobre a execução, pois não é parte do escopo deste estudo, interessa observar que o devedor que não tenha contestado deve depositar o débito em instituição de crédito à ordem do agente de execução[112] ou da secretaria, nesse último caso quando atuar oficial de Justiça, como dispõe o art. 860 do CPC/2013. Também são cabíveis outras formas de pagamento, desde que documentadas.

O pagamento pode ser feito por depósito bancário ou em dinheiro, bem como pela adjudicação de bens penhorados ou consignação de rendimentos ou produto da respectiva venda, aceitando-se pagamento parcelado, desde que haja acordo entre as partes nesse sentido.

Curioso para nós brasileiros é o fato de que o Decreto 6.007 de 07 de agosto de 1919,[113] estabeleceu o regulamento de depósitos obrigatórios e regras para o denominado "precatório-cheque"[114] dispondo o artigo 1º que nenhum tribunal, autoridade, repartição pública ou funcionário poderia ordenar ou autorizar depósitos que não fossem feitos na Caixa Geral de Depósitos, sob pena de nulidade e responder por perdas e danos quem desrespeitasse o decreto.

Essa obrigatoriedade foi dispensada pelo decreto no caso de depósitos em conta de operações de tesouraria e aqueles que, segundo as leis e regulamentos especiais, deveriam ficar temporariamente nos cofres da Fazenda Pública.

O parágrafo único do art. 21 do mencionado decreto estabeleceu que os juros dos depósitos em dinheiro poderiam ser entregues aos depositantes, salvo ordem em contrário da autoridade que tivesse jurisdição sobre o depósito, e tal pagamento seria feito por meio de "precatório-cheque" ordenado pela administração da Caixa Geral de depósitos.

Além desses juros, todos os levantamentos de depósitos obrigatórios seriam feitos por meio de "precatório-cheque" assinado pela autoridade que tivesse jurisdição sobre o depósito nos termos das leis e segundo a constituição dos depósitos. Tal regra foi prevista no art. 23 do decreto, o qual estabeleceu ainda os detalhes do que deveriam conter tais "precatórios-cheques".

Já no art. 24 ficou determinado que a Casa da Moeda emitisse e colocasse à venda "precatório-cheque" selados e que o modelo deles seria estabelecido pela Caixa Geral de Depósitos.

A expressão "selados" refere-se ao imposto do selo, mais recentemente regulado pelo Código do Imposto do Selo, estabelecido pela Lei 150/1999,[115] e que prevê na sua "Tabela Geral do Imposto do Selo" no item 18 que os "**Precatórios** ou mandados para levantamento e entrega de dinheiro ou valores existentes" pagariam tal tributo na base de 0,5% da importância a levantar ou entregar. (grifo nosso)

A Caixa Geral de Depósitos foi criada pela Carta de Lei de 10 de abril de 1876[116] com a incumbência de recolher e administrar depósitos efetuados por imposição da lei ou dos tribunais (depósitos necessários), bem como depósitos voluntários,[117] tendo sua lei orgânica sido promulgada por meio do Decreto-Lei 48.953,[118] publicado em 05 de abril de 1969, e em cujo artigo 7º, 1º, os depósitos legais continuaram previstos.

O Decreto-Lei 693/1970[119] completou as regras do Decreto-Lei 48.953 e revogou o Decreto 6.007 supramencionado no seu artigo 25,[120] mas no art. 7º, 2, continuou prevendo que "Os levantamentos dos depósitos arrestados, penhorados ou arrolados seriam feitos por meio de **precatórios** ou mandados das autoridades **judiciais**." (grifo nosso)

Esse Decreto-Lei 693/1970 foi revogado pelo art. 9º do **Decreto-Lei 287/1993**,[121] o qual revogou o art. 7º do Decreto-Lei 48.953/1969, convertendo a Caixa em uma S. A., com capital todo público, passando a chamar-se Caixa Geral de Depósitos, S. A., mas ficando com a incumbência de prestar serviços bancários ao Estado, bem como exercer funções a ela acometidas por lei, ficando mantidas as obrigações da entidade anterior.

Daí se vê que no caso de a execução contra a Fazenda se der pelas regras do Código de Processo Civil, o levantamento do depósito seria feito por meio de "precatório-cheque".

Usam também a expressão "precatório-cheque":

1. O Código de Processo e Procedimento Tributário (CPPT),[122] Decreto-Lei n.º 433/99, quando trata no art. 259, 2, do levantamento de quantia necessária para o pagamento;
2. O Guia do Fisco para 2013[123] tratando do imposto do selo: "Cheques de qualquer natureza, passados em território nacional, chamados

precatórios-cheques ou mandados para levantamento e entrega de dinheiro ou outros valores (verbas 4.ªe 18.ªda Tabela Geral)" (grifo nosso);

3. Parecer CL/10/00 da Ordem dos advogados de Portugal;[124]
4. Etc..

A palavra "precatório" é também encontrável na jurisprudência em acórdãos do Tribunal Constitucional;[125] do Supremo Tribunal de Justiça;[126] do Supremo Tribunal Administrativo;[127] além de outros 142 acórdãos, o que foi localizado em uma busca rápida.[128]

Encontrou-se ainda proposta de abolição do "precatório-cheque" apoiada pelo magistrado FERREIRA GIRÃO, Presidente da Associação Sindical dos Juízes Portugueses, por entenderem os juízes que o uso desse expediente é muito burocrático.[129]

O Observatório Permanente da Justiça Portuguesa realizou um estudo que deu base para esse pedido de abolição desse instituto realizando uma "Cronologia da acção executiva para pagamento de quantia certa sob a forma ordinária" no qual computaram cada ato processual, os dias processuais e o tempo real gasto, constando o seguinte:[130]

1. Notificação do exequente para entrega de precatório-cheque – cinco dias;
2. Recebimento – três dias;
3. Entrega de precatório-cheque – dez dias;
4. Recebimento pela Seção – cinco dias;
5. Conclusão ao juiz para assinar o precatório-cheque – dois dias;
6. Pagamento do precatório cheque – trinta dias; e
7. Recebimento – três dias.

Praticamente dois meses para o dinheiro chegar às mãos do credor, concluindo eles que o uso do precatório-cheque é anacrônico, implicando em atos repetitivos, ineficazes e desprovidos de necessidade.

Talvez por isso o novo Código de Processo Civil já preveja a possibilidade de depósito bancário como se disse acima, mas sem abandonar o antiquado vezo do precatório cheque.

Finalmente, pelo Simplex'08,[131] Programa de Simplificação Administrativa e Legislativa do

Gabinete da Secretaria de Estado da Modernização Administrativa, decidiu-se pela proposta M144 eliminar o precatório-cheque, substituindo-o por transferência bancária e/ou emissão de cheque.

Mas, como nada é perfeito, e as crises atingem a todos, há notícias de que o Estado português tenha ficado sem fundos e sem imóveis criando com isso dificuldades para pagar indenização a que fora condenado por erro judicial.[132]

CAPÍTULO IV - O PAGAMENTO DAS CONDENAÇÕES JUDICIAIS PECUNIÁRIAS NO BRASIL.

4.1 – O SISTEMA JURÍDICO BRASILEIRO.

O sistema jurídico brasileiro originalmente se inspirou no denominado Sistema Europeu Continental o qual tradicionalmente tem como fonte primordial do Direito a Lei escrita formal, ou seja, aquela oriunda do Poder Legislativo, sendo de natureza secundária todas as demais fontes do Direito.

Tal sistema teve sua afirmação com a Revolução Francesa e influência de vários filósofos e essa Revolução reconhecia a lei formal como a única representação autêntica da vontade nacional.[133]

Por esse sistema a jurisprudência tem um caráter persuasivo, não sendo vinculante e nem fonte primária do Direito.[134]

Também são considerados fontes do Direito nesse sistema os costumes e a doutrina, essa com capital relevância, tanto que é o que realmente se estuda em países que adotam tal sistema.

Contudo, devido à grande influência que o sistema constitucional local sofreu do sistema norte-americano, aqui se adotou um sistema de jurisdição única, próprio do Common Law, embora não adotando o Stare decisis e não dando nenhum poder vinculante à jurisprudência a princípio.[135]

Ocorre que em 1993 o sistema jurídico brasileiro sofreu uma profunda mudança introduzida pela Emenda Constitucional nº 3.[136] Essa Emenda acrescentou o §2º ao art. 102 da Constituição da República[137] fazendo surgir aqui o precedente vinculante, mas somente para as ações declaratórias de constitucionalidade, o que fez com que de europeu continental o sistema pátrio passasse a ser misto com o sistema do Common Law.

Logo depois veio a lei nº 9868/99[138] a qual ampliou o precedente vinculante também para as ações diretas de inconstitucionalidade.

A doutrina discutiu muito essa ampliação por não ter sido feita por via de emenda constitucional,[139] mas em 2002 o STF considerou constitucional esse dispositivo ao apreciar uma questão de ordem na reclamação 1880.[140]

Finalmente, em dezembro de 2004 tal preceito foi colocado expressamente na Constituição com a redação dada ao art. 102, §2º, pela Emenda

Constitucional nº 45.[141] Na Constituição passou a constar que quando o Supremo Tribunal Federal proferisse uma decisão de mérito seja nas ações diretas de inconstitucionalidade ou nas ações declaratórias de constitucionalidade, tais decisões teriam eficácia contra todos e efeito vinculante para o Judiciário e o Executivo de todas as esferas de governo.

Também pela mesma emenda foi criada a súmula vinculante, prevista no art. 103-A da Constituição da República.

A diferença entre o precedente e a súmula é a formalidade maior da súmula e o fato de que essa seria fruto do controle difuso e aquele do concentrado.

Para que o precedente exista basta que o STF, numa das ações da via direta, pronuncie-se uma única vez pela constitucionalidade ou não de uma dada norma.

A súmula vinculante, por sua vez, exige reiteradas decisões sobre matéria constitucional, que é o que ocorre no sistema difuso, além de uma série de formalidades para ser considerada aprovada como se vê nos parágrafos do art. 103-A da Constituição da República.

Chama a atenção o fato de que essa ideia de adaptação do sistema de Stare decisis por meio da súmula vinculante não é nova, pois já fora adotada no Império em 1876 quando o Superior Tribunal de Justiça de então passou a ter a possibilidade de editar assentos com força de lei.[142]

Assim, em termos de Direito brasileiro hoje são fontes primárias do Direito:

1. A lei escrita, como sempre foi;
2. Os precedentes nas ações declaratórias de constitucionalidade, desde 1993;
3. Os precedentes nas ações diretas de inconstitucionalidade, desde 1999; e
4. As súmulas vinculantes do Supremo Tribunal Federal, desde 2004.

Mais recentemente, por meio das reclamações, a jurisprudência do Superior Tribunal de Justiça e do Supremo Tribunal Federal tem sido imposta aos Tribunais de Justiça do país, bem como aos Colégios Recursais dos Juizados Especiais criando mais uma vinculação, agora também para o Superior Tribunal de Justiça e de forma mais ampla.

Por fim, a Lei 13.105/2015, novo Código de Processo Civil,[143] estabeleceu legalmente essa vinculação à jurisprudência, além de ampliá-la muito.[144]

4.2 DA IMPENHORABILIDADE DOS BENS ESTATAIS NO BRASIL.

Conforme dispõe o Código Civil,[145] bens públicos são os que estiverem no domínio de uma das pessoas jurídicas de direito público interno e os particulares são os que pertencerem a outras pessoas físicas ou jurídicas.[146]

Tais bens se classificam em três categorias:
1. Bens de uso comum do povo (como rios, praças e etc.);
2. Bens de uso especial (tais como edifícios ou terrenos destinados ao serviço público); e
3. Bens dominicais, ou seja, os que estão no patrimônio de uma pessoa jurídica de direito público interno, mas que não estejam destinados ao uso comum do povo e nem ao serviço público.[147]

Os bens públicos de uso comum e os de uso especial são inalienáveis enquanto mantiverem essa qualidade, ou seja, enquanto não desafetados, quando se tornam bens dominicais.

Os bens dominicais têm uma disponibilidade relativa, pois podem ser afetados para o uso do povo ou para o serviço público a qualquer momento e sua alienação depende de lei autorizativa e licitação, estando excluídos da possibilidade de penhora.[148]

O Código de Processo Civil de 2015 estabelece que os bens inalienáveis são também impenhoráveis, portanto são também impenhoráveis os bens públicos de uso comum do povo e os de uso especial.[149]

A impenhorabilidade de todos os bens públicos decorre da regra do art. 100 da Constituição da República, que estabelece a execução e o cumprimento de sentença contra a Fazenda Pública pelo regime de precatórios e requisições de pequeno valor, como se vê na sequência. [150]

4.3 DA EXECUÇÃO DAS DECISÕES DE PAGAMENTO EM DINHEIRO NO BRASIL.

O artigo 100 da Constituição da República estabelece que os pagamentos devidos pela Fazenda Pública decorrente de decisão judicial em sentença ou acórdão devem ser feitos apenas na ordem cronológica de apresentação dos respectivos precatórios e à conta de créditos decorrentes de dotações orçamentárias.[151]

Liquidado o valor devido pela Fazenda em virtude de condenação judicial transitada em julgado o cumprimento da sentença se dá pela expedição do precatório por meio do presidente do tribunal respectivo ou por meio de uma ordem do juiz quando se tratar de pequeno valor assim definido na lei da entidade pública a que a dívida se relacionar.[152]

Em todo caso por exigência constitucional é necessária uma dotação orçamentária para que o pagamento se faça:

> Art. 167. **São vedados:**
>
> [...]
>
> II - **a realização de despesas** ou a assunção de obrigações diretas que **excedam os créditos orçamentários ou adicionais**; (grifo nosso)

A inclusão no orçamento de tais verbas para pagamento das condenações judiciais não é opcional tanto para o Poder Executivo quanto para o Poder Legislativo a teor do art. 100, §5º, da Constituição da República.[153]

Os precatórios têm o seu valor apurado até 1º de julho de cada ano e então esse valor é encaminhado para inclusão no orçamento, sendo, portanto, um valor certo.

As requisições de pequeno valor não têm um valor orçamentário certo, pois são incluídas no orçamento por meio de previsões aproximadas como ocorre com a previsão de despesas em geral.

Na execução do orçamento os créditos são consignados em conta sob o controle do Poder Judiciário e cabe ao Presidente do Tribunal determinar os pagamentos dos precatórios, havendo sanções pelo descumprimento das ordens judiciais tais como o sequestro da quantia respectiva. Há sanções inclusive para o Presidente do Tribunal que de qualquer forma venha a dificultar os pagamentos.

As requisições de pequeno valor são feitas pelo juiz da execução à entidade devedora de forma mais simples que os precatórios.

Além da ordem cronológica há créditos que são preferenciais, cujo pagamento é feito por primeiro.

A regulamentação dos precatórios é bastante extensa, mas aqui o que foi dito é suficiente para o propósito deste estudo comparado.

4.4 DO PROBLEMA DA INADIMPLÊNCIA ESTATAL NO BRASIL.

O problema da inadimplência estatal é tão grave aqui quanto na Argentina.

Antes da Constituição atual já havia uma persistente inadimplência,[154] o que fez com que o Constituinte de 1988 criasse o primeiro parcelamento unilateral de dívidas de precatórios.

Como a inadimplência não acabou, os parcelamentos, verdadeiros calotes segundo a doutrina,[155] repetiram-se com a Emenda Constitucional 30, de 13 de setembro de 2000[156] e com a Emenda Constitucional 62, de 11 de novembro de 2009.[157]

O Supremo Tribunal Federal julgou no Recurso Extraordinário 160.486 de São Paulo[158] cujo relator foi o Ministro CELSO DE MELLO[159] que o primeiro parcelamento era válido devido ao poder ilimitado que possuía o Poder Constituinte Originário.

Mas os demais parcelamentos foram considerados inconstitucionais, embora o último ainda persista por decisão do Supremo Tribunal Federal em modulação.[160]

A indicar que a solução do problema está longe foi aprovada a Emenda Constitucional 94 de 15 de dezembro de 2016[161] instituindo novo parcelamento, em que pese as decisões do Supremo Tribunal Federal terem estabelecido a inconstitucionalidade desse tipo de atitude e, enquanto esta edição deste livro era escrita, surgiu a Emenda Constitucional nº 99 de 14 de dezembro de 2017[162] instituindo outro regime especial (outro parcelamento), empurrando o problema para 2024, com chances boas de novos calotes pela frente.

CAPÍTULO V – OUTROS PAÍSES DO MUNDO.

Além do que já foi visto até aqui, por meio do "PROJECT CONSTITUTE"[163] se analisou as Constituições de cento e oitenta e nove países do mundo, utilizando-se também outras páginas da internet.

Nota-se que alguns países usam a fórmula existente na Constituição dos Estados Unidos da América (art. 1º., Seção 9), ou seja, vedam qualquer tipo de despesa que não esteja previamente autorizada por dotação orçamentária realizada pelo Legislativo, como estudado aqui, ou mencionam a necessidade de lei formal autorizativa da despesa.

Nessa linha encontraram-se dezesseis países os quais apresenta-se com o nome, a data da promulgação da respectiva Constituição, a data da última revisão disponível no Projeto citado e o número do artigo em que consta a regra:

1. Austrália 1901 (rev. 1985) – art. 83;
2. Colômbia 1991 (rev. 2015) – art. 189, item 14, e art. 345;

3. Dinamarca 1953 – art. 46;
4. El Salvador 1983 (rev. 2014) – art. 195, 2º;
5. Filipinas 1987 – art. VI, seção 29, 1;
6. Honduras 1982 (rev. 2012) – art. 364;
7. México 1917 (rev. 2015) – art. 126;
8. Micronésia 1981 (rev. 1990) – art. XII, seção 01;
9. Nauru 1968 – art. 58 e 59;
10. Palau 1981 (rev. 1992) – art. XII, seção 01;
11. Panamá 1972 (rev. 2004) – art. 277;
12. Tailândia 2007 – seção 140;
13. Tonga 1875 (rev. 1988) - 19; e
14. Ucrânia 1996 (rev. 2004) – art. 92, parte 2, item 1.

A Arábia Saudita e a Venezuela também adotam o sistema americano, com uma diferença para o caso de insuficiência de dotação. Na Arábia Saudita um decreto real é expedido para que se realize o pagamento nessa situação (artigo 73) e na Venezuela há a possibilidade de um comitê delegado substituir o Legislativo (art. 314).

Outros países usam um sistema muito semelhante ao americano, o que muda é que eles falam em fundos: um geral e outros específicos, onde todo o dinheiro nacional é colocado, mas a regra da dotação orçamentária votada pelo Legislativo e a necessidade de autorização legal para todos os gastos é mantida:
1. África do Sul 1996 (rev. 2012) – art. 213 e 226;
2. Antígua e Barbuda 1981 – art. 90;
3. Bangladesh 1972 (reinst. 1986, rev. 2011) – art. 84 e 85;
4. Belize 1981 (rev. 2001) – art. 114;
5. Botswana 1966 (rev. 2002) – art. 117 e 118;
6. Brunei 1959 (rev. 1984) – art. 65;
7. Butão 2008 – art. 14;
8. Chipre 1960 (rev. 2013) – art. 168;
9. Dominica 1978 (rev. 1984) – art. 76 e 77;
10. Gambia 1996 (rev. 2004) – art. 150 e 151;
11. Gana 1992 (rev. 1996) – art. 176 e 178;

12. Granada 1973 (reinst. 1991, rev. 1992) – art. 75 e 76;

13. Ilhas Marshall 1979 (rev. 1995) – Artigo I, seção 4, c, e artigo VIII, seção 1, 1;

14. Índia 1949 (rev. 2002) – art. 204, 3;

15. Lesoto 1993 (rev. 1998) – art. 110 e 111;

16. Malásia 1957 (rev. 1996) – art. 104;

17. Malaui 1994 (rev. 1999) – art. 172 e 173;

18. Malta 1964 (rev. 2011) – art. 102;

19. Maurício 1968 (rev. 2011) – art. 103 e 104;

20. Nigéria 1999 – art. 80;

21. Paquistão 1973 (reinst. 2002, rev. 2003) – art. 83;

22. Santa Lúcia 1978 – art. 77 e 78;

23. São Cristóvão e Névis 1983 – art. 69 e 70;

24. São Vicente e Granadinas 1979 – art. 68 e 69;

25. Singapura 1959 (rev. 2010) – art. 145 e 146;

26. Suazilândia 2005 – art. 198 e 199;
27. Sudão do Sul 2011 (rev. 2013) – art. 180;
28. Tanzânia 1985 (rev. 1995) – art. 135;
29. Trinidad e Tobago 1976 (rev. 2007) – art. 112 e 114;
30. Uganda 1995 (rev. 2005) – art. 153 e 154; e
31. Zâmbia 1991 (rev. 2009) – art. 115.

A Constituição Chilena de 1980, revista em 2015, prevê a mesma ideia no seu art. 100 proibindo gastos sem dotação orçamentária, mas tem a peculiaridade de exigir expressamente que os pagamentos sejam feitos em ordem cronológica estabelecida no orçamento, como se faz aqui.

Nove países, tal como o faz o Brasil, mas sem o exagero de detalhes aqui usado, expressamente falam que as condenações judiciais da Fazenda Pública devem ser pagas com as dotações orçamentárias para isso destinadas:

1. Bangladesh 1972 (reinst. 1986, rev. 2014) – art. 88, "e";
2. Brunei 1959 (rev. 1984, rev. 2006) – art. 59, 1, "d";

3. Chipre 1960 (rev. 2013) – art. 166, 1, "d";
4. Índia 1949 (rev. 2015) – art. 112, 3, "f";
5. Malásia 1957 (rev. 2007) – art. 71, 1, "c" e art. 98, 1, "c";
6. Malaui 1994 (rev. 1999) – art. 174, 1, "c";
7. Paquistão 1973 (reinst. 2002, rev. 2015) = art. 81, "d" e art. 121, "d";
8. Singapura 1963 (rev. 2010) – art. 148 E, 1, "b"; e
9. Sudão do Sul 2011 (rev. 2013) – art. 90, 5, "f".

Não se encontraram regras semelhantes nas Constituições dos demais países analisados, o que não significa que eles não tenham esse tipo de regramento em normas infraconstitucionais, como, por exemplo, a Argentina e Portugal que se estudou neste livro ou então não se foi hábil o bastante para encontrar tais normas.

CONCLUSÕES

No Brasil é clichê dizer que o sistema local de precatórios, ou requisitórios, é único no mundo.[164]

Mas, de todo o presente estudo pode-se concluir que na essência na Argentina, Estados Unidos e Portugal o sistema é muito semelhante ao daqui, e mesmo até em grande número dos outros países cujas constituições foram consultadas.

Evidentemente que nenhum sistema jurídico é idêntico a outro, pois cada Estado tem suas peculiaridades.

Resumindo o que foi visto até agora pode-se dizer que esse sistema de requisitórios brasileiro essencialmente consiste no seguinte:

1. O Judiciário profere uma sentença ou acórdão de acordo com o sistema jurídico condenando a Fazenda Pública a pagar quantia certa em dinheiro e ocorre o trânsito em julgado;
2. Em qualquer caso, seja precatório ou RPV, os valores a serem pagos tem que ter previsão na lei orçamentária, pois sem isso nenhuma despesa pode ser feita;

3. De acordo com tal previsão e com as requisições feitas pelo Judiciário os pagamentos são feitos ou deveriam ser feitos na ordem cronológica para garantia da isonomia e impessoalidade.

Nos países aqui estudados, o Judiciário profere uma sentença ou acórdão, na forma do sistema jurídico respectivo, condenando a Fazenda Pública a pagar quantia certa em dinheiro, ocorre o trânsito em julgado e uma comunicação é feita para que faça o pagamento a partir de verba orçamentária.

De acordo com tal previsão orçamentária e com as requisições feitas pelo Judiciário os pagamentos são feitos ou deveriam ser feitos.

Em qualquer caso os valores a serem pagos tem que ter previsão na lei orçamentária, pois sem isso nenhuma despesa pode ser feita em respeito ao princípio democrático.

Como observado acima, no caso de Portugal, até a palavra "precatório" existe com os mesmos usos que se dá aqui, não sendo compreensível que seja tão espalhada a noção de que o sistema de precatório seja algo apenas brasileiro.

REFERÊNCIAS

ABERASTURY, Pedro. El Presupuesto Público en la Ejecución de Sentencias contra el Estado. Disponível em < http://daleth.cjf.jus.br/revista/seriecadernos/vol23/artigo18.pdf.> Acesso em dia 04.08.2016.

ABERASTURY, Pedro. Execução judicial de sentenças contra o Estado. Brasília: Centro de Estudos Judiciários, 2003, série Cadernos CEJ volume 23, pág. 46/48 e 58 Disponível em: < http://daleth.cjf.jus.br/revista/seriecadernos/vol23/artigo02.pdf>. Acesso em 06 06 2016.

ARAÚJO NETTO, Edmir de. Curso de Direito Administrativo. 5ª. Edição. São Paulo: Saraiva, 2010.

ARAÚJO, Edmir Netto de. Curso de Direito Administrativo. 5ª Edição. São Paulo: Saraiva, 2012

ARAÚJO, Luiz Alberto David e NUNES JÚNIOR, Vidal Serrano. Curso de Direito Constitucional. 11ª. Edição. São Paulo: Saraiva, 2007.

BAUM, Lawrence. A Suprema Corte Americana – Uma análise da mais notória e respeitada instituição judiciária do mundo contemporâneo. Rio de Janeiro: Forense, 1987.

BENCE Jamie Lynn, CHU, Vivian S. and Yeh, Brian T.. The Judgment Fund History, Administration, Usage. Washington: Legislative Attorney Congressional Research Service, 2013. Disponível em < https://www.fas.org/sgp/crs/misc/R42835.pdf>. Acesso dia 06 06 2016.

BLACK, Henry Campbell e outros. Black's Law Dictionary. 6th edition. St. Paul: West Publishing, 1990.

BREWER, Albert P. e COLE, Charles D.. Alabama Constitutional Law. Birmingham: Samford University Press, 1992

BULOS, Uadi Lammêgo. Curso de Direito Constitucional. São Paulo: Saraiva, 2009.

CASSAGNE, Juan Carlos. Perspectivas de la Justicia Contencioso Administrativa Argentina en el Siglo XXI. Disponível em: < http://www.cassagne.com.ar/publicaciones/1.pdf> Acesso dia 06 06 2016.

CHEMERINSKY, Erwin. Constitutional Law – Principles and Polices. 3r. Edition. New York: Aspen, 2006

COLE, Charles D.. "Imunidade Soberana e Responsabilidade Civil do Governo Federal dos Estados Unidos da América. Execução contra a Fazenda Pública". (Sovereign Immunity and the Civil Liability of the Federal Government in the United States of America.) Centro de

Estudos Judiciários, Conselho da Justiça Federal (Série Cadernos do CEJ, n. 23). Tradução de Brynte Svedberg Disponível em < http://www.cjf.jus.br/revista/seriecadernos/Vol23/sumario_vol23.pdf >. Acesso em 06 06 2016.).

COLE, Charles D.. Stare decisis na Cultura Jurídica dos Estados Unidos. O Sistema de Precedente Vinculante do Common Law. In Revista dos Tribunais, Fascículo Cível, Ano 87, volume 752, junho de 1998, págs. 11 a 21

CRETELLA Jr., José. Direito Administrativo Comparado. 4ª. Edição. Rio de Janeiro: Forense, 1992.

DANTAS, Francisco Wildo Lacerda. Execução Contra a Fazenda Pública. – Regime de Precatório. 2ª. Edição. São Paulo: Método, 2010.

DI PIETRO, Maria Sylvia Zanella. Direito Administrativo. 19ª Edição. São Paulo: Atlas, 2006

DOERNBERG, Donald L.. Sovereign Immunity or The Rule of Law – The New Federalism's Choice. Durham, North Carolina: Carolina Academic, 2004.

DURCHSLAG, Melvyn R.. State Sovereign Immunity. Westport: Praeger, 2002.

FAIM Fº, Eurípedes Gomes. Requisitórios: Precatórios e Requisições de Pequeno Valor. Um Tema de Direito Financeiro.

Tese de Doutorado. Faculdade de Direito da Universidade de São Paulo, 2014, 295 páginas.

FAIM Fº, Eurípedes Gomes. Evolução histórica dos precatórios no Brasil até a Constituição de 1988. Publicado em http://www.epm.tjsp.jus.br/Artigo/Direito Publico/36458?pagina=1, acesso dia 23.09.2017.

GARCIA, Maria da Glória Ferreira Pinto Dias. Do Conselho de Estado ao Actual Supremo Tribunal Administrativo. Lisboa: Supremo Tribunal Administrativo, 1998. Disponível em <http://www.stadministrativo.pt/mainframe_2_07.html.> Acesso dia 06.06.2016.

GIRÃO, Ferreira. Acção executiva: bloqueios e perspectivas sob o enfoque da magistratura judicial. Disponível em < http://www.dgpj.mj.pt/sections/informacao-e-eventos/anexos/sections/informacao-e-eventos/anexos/dr-ferreira-girao/downloadFile/file/fg.pdf?nocache=1210676672.22>. Acesso 06 06 2016.

GORDILLO, Agustín. Tratado de derecho administrativo y obras selectas. "La responsabilidad del Estado en la práctica". Tratado de Derecho Administrativo. 10ª ed., ahora como 1ª ed... Buenos Aires: Fundación de Derecho Administrativo, 2014, Tomo VII, Capítulo XXXII. Disponível em http://www.gordillo.com/pdf_tomo7/capitulo32.pdf.

GORDILLO, Agustín. Tratado de Derecho Administrativo. 5º. Edición. Buenos Aires: Fundación de Derecho Administrativo, 1998

HARADA, Kiyoshi. Precatórios Judiciais – Emenda Constitucional 62. Tribunal de Justiça de São Paulo. Escola Paulista da Magistratura. Associação Paulista de Magistrados. Seminário ocorrido nos dias 12 e 13 de agosto de 2010. Disponível em: https://www.youtube.com/watch?v=UCm11CkhATU. Acesso dia 19.07.2017.

JACOBS, Clyde E.. The Eleventh Amendment and Sovereign Immunity. Westport: Greenwood, 1972

JAMES, Philip S.. Introduction to English Law. 12th Edition. London: Butteerworths, 1989.

MARTINS FILHO, Ives Gandra da Silva. As Condições da Ação e os Pressupostos Processuais do Dissídio Coletivo. Revista do Ministério Público do Trabalho. Brasília, N. 06 - 2º Semestre - Setembro de 1993,

MAXIMILIANO, Carlos. Hermenêutica e Aplicação do Direito. 19ª Edição. Rio de Janeiro: Forense, 2010.

MEIRELLES, Hely Lopes. Direito Administrativo Brasileiro. 27ª Edição atualizada por

Eurico de Andrade Azevedo e outros. São Paulo: Malheiros, 2002

MEIRELLES, Hely Lopes. Direito Administrativo Brasileiro. 27ª edição, atualizada por Eurico de Andrade Azevedo, Délcio Balestero Aleixo e José Emmaniel Burle Filho. São Paulo: Malheiros, 2002.

MORAES, Alexandre de. Direito Constitucional. 19ª. Edição. São Paulo: Atlas, 2006.

NOWAK, John E. e ROTUNDA, Ronald D.. Constitutional Law. Fourth Edition. St. Paul, Minn.: West Publishing, 1991

PEDROSO, João e CRUZ, Cristina (Coordenadores). VVAA. A Acção Executiva: Caracterização, Bloqueios e Propostas de Reforma. Observatório Permanente da Justiça Portuguesa. Centro de Estudos Sociais. Faculdade de Economia. Universidade de Coimbra. Março de 2001. Disponível em <http://opj.ces.uc.pt/pdf/1.pdf>. Acesso dia 30 de dezembro de 2013.

RÁO, Vicente. O Direito e a Vida dos Direitos. 4ª Edição anotada e atualizada por Ovídio Rocha Barros Sandoval. São Paulo: RT, 1997.

RASKIN, Jamin B.. Overruling Democracy. The Supreme Court vs. The American People. New York: Routledge, 2003.

REALE, Miguel. Lições Preliminares de Direito. 9ª. Edição. São Paulo: Saraiva, 1981.

SABSAY, Daniel A. e ONAINDIA, José M.. La Constitución de Los Argentinos. 3ª. Edición. Buenos Aires: Errepar, 1994

SALOMONI, Jorge Luis. El Contencioso Administrativo en la República Argentina: sus Principales Características en Las Etapas de Conformación Nacional y de Internacionalización del Ordenamiento Jurídico. Disponível em: < http://biblio.juridicas.unam.mx/libros/5/2391/21.pdf.>. Acesso em 04.08.2016.

SCAFF, Fernando Facury e CONTI, José Maurício (coordenadores). VVAA. Lei de Responsabilidade Fiscal – 10 Anos de Vigência – Questões Atuais. Florianópolis: Conceito, 2010

SHORTELL, Cristopher. Rights, Remedies, and the Impact of State Sovereign Immunity. Albany: State University of New York, 2008

SILVA, Américo Luís Martins da. Precatório-requisitório e Requisição de Pequeno Valor (RPV). 4ª Edição. São Paulo: Revista dos Tribunais, 2010.

SILVA, Sandoval Alves da. Aspectos orçamentários e constitucionais da Requisição de Pequeno Valor – RPV. In CONTI, José Mauricio; SCAFF, Fernando F. (Coordenadores). VVAA. Orçamentos Públicos e Direito Financeiro. São Paulo: Revista dos Tribunais, 2011, páginas 461 a 491.

SOARES, Ednaldo e LADEIRA, Rodrigo. A Supremacia Executiva e a Coadjuvação Legislativa e Judiciária: Experiências Latino-americanas na Separação dos Poderes do Estado. Disponível em <http://www.uesb.br/eventos/encontroadministracaopolitica/artigos/EAP003.pdf.>. Acesso em 04.08.2016.

VAJDA, Istvan, ZIMBRES, Patrícia de Queiroz Carvalho e SOUZA, Vanira Tavares de. (Tradutores) Constitution of The Federative Republic of Brazil. Brasília: The Federal Senate - Special Secretariat for Printing and Publishing - Under secretariat of Technical Publications, 2013.

VAZ, José Otávio de Vianna. O Pagamento de Tributos por Meio de Precatórios. Belo Horizonte: Del Rey, 2007.

VIANA, Oliveira. Instituições Políticas Brasileiras. Brasília: Senado Federal, Secretaria Especial de Editoração e Publicação, 1999. Disponível em < http://www2.senado.leg.br/bdsf/item/id/1028>. Acesso em 04.08.2016.

VICENTINI, Marcelo. Breve Paralelo entre as famílias romano-germânica, de Common Law e socialista. In Direito & Justiça. Revista da Faculdade de Direito da Pontifícia Universidade Católica do Rio Grande do Sul. Volume 20, ano XXI, 1999

WILSON, James Q.. Ainda funciona a separação dos poderes? In: A Ordem Constitucional Americana. VVAA. Tradução de José Lívio Dantas. Rio de Janeiro: Forense-Universitária, 1987.

PRINCIPAIS PÁGINAS VISITADAS NA INTERNET.

Alabama Legislature
http://www.legislature.state.al.us/aliswww/default.aspx

Assembleia da República de Portugal - Orçamento do Estado e Contas Públicas
http://www.parlamento.pt/OrcamentoEstado/Paginas/oe.aspx

Associação Paulista de Magistrados.
http://apamagis.com.br/site/

Associação Paulista do Ministério Público.
https://www.apmp.com.br/

Biblioteca Juridica Virtual. Instituto de Investigaciones Juridicas.
www.bibliojuridica.org

Britannia – British History Travel -
http://www.britannia.com/

Bureau of the Fiscal Service. U. S. Department of the Treasury.
https://www.fiscal.treasury.gov/

Caixa Geral de Depósitos
https://www.cgd.pt/Pages/default_v2.aspx

Cassagne Abogados. http://www.cassagne.com.ar/

Centro de Estudos Judiciários do Ministério da Justiça de Portugal.
http://www.cej.mj.pt/cej/home/home.php
CITIUS - Ministério da Justiça de Portugal.
http://www.citius.mj.pt/portal/Default.aspx
Committee on the Budget of the House of Representatives. http://budget.house.gov/
Conselho da Justiça Federal
http://www.cjf.jus.br/cjf/
Conselho Superior dos Tribunais Administrativos e Fiscais de Portugal
http://www.cstaf.pt/Paginas/Paginalnicial.aspx
Constitute. The World's Constitutions to Read, Search and Compare
https://www.constituteproject.org/
Constitution Society http://constitution.org/
Corte Suprema de Justicia de La Nación Argentina http://www.csjn.gov.ar/
Diário da República Portuguesa Eletrónico
https://dre.pt/
Direção-Geral da Administração da Justiça do Ministério da Justiça de Portugal
http://www.dgaj.mj.pt/sections/home

Direcção Geral da Política de Justiça do Ministério da Justiça de Portugal
http://www.dgpj.mj.pt/sections/home/

Pedro Aberastury Abogados
http://aberastury.com/wordpress/

El Notificador – Revista Orientada a Todos los Profesionales Intervinientes en el Proceso Judicial www.revista-notificador.com.ar

Espacios Juridicos http://espaciosjuridicos.com.ar/

Bureau of the Fiscal Service. Treasury of the United States
https://www.fms.treas.gov/aboutfms/index.html

Guia do Estado Argentino.
https://www.argentina.gob.ar/

Información Legislativa y Documental. Ministerio de Justicia y Derechos Humanos. Presidencia de la Nación Argentina.
http://www.infoleg.gob.ar/

Instituto Brasileiro de Geografia e Estatística.
http://www.ibge.gov.br/home/

Instituto de Ciências Jurídico-Políticas da Faculdade de Direito da Universidade de Lisboa http://www.icjp.pt/

Instituto de Gestão Financeira e Equipamentos da Justiça do Ministério da Justiça de Portugal http://igfej.mj.pt/PT/Paginas/Default.aspx

Instituto Paulista de Magistrados. http://www.ipam.com.br/

International Constitutional Law Project Information http://www.servat.unibe.ch/icl/info.html

Courts and Tribunals Judiciary of England and Wales https://www.judiciary.gov.uk/

Legal Information Institute. Cornell Law Scholl. https://www.law.cornell.edu/

Library of Congress – USA https://www.loc.gov/

Ministério das Finanças de Portugal. Inspecção Geral de Finanças. http://www.igf.gov.pt/

Ministerio de Hacienda y Finanzas Públicas Argentino http://www.economia.gob.ar/ministerio/

Ministério do Planejamento, Desenvolvimento e Gestão da República Federativa do Brasil http://www.planejamento.gov.br/

Ministério Público. Procuradoria-Geral Distrital de Lisboa.
http://www.pgdlisboa.pt/home.php

National Archives of the United States of America
https://www.archives.gov/

Núcleo de Investigação Arqueológica.
http://www.nia-era.org/index.php

O Portal de História (Portugal)
http://www.arqnet.pt/

Observatório Permanente da Justiça Portuguesa da Universidade de Coimbra
http://opj.ces.uc.pt/site/

Ordem dos Advogados de Portugal
https://portal.oa.pt/

Poder Judicial de Neuquén. Tribunal Superior de Justicia http://www.jusneuquen.gov.ar/

Portal da Justiça Federal do Brasil.
http://www.jf.jus.br.

Portal das Finanças
http://www.portaldasfinancas.gov.pt/at/html/index.html

Portal de Abogados.
http://www.portaldeabogados.com.ar/portal/

Portal do Cidadão
   http://www.portaldocidadao.pt/PORTAL/pt/
Presidencia de la Nación www.argentina.gov.ar
Presidencia de La Nación. Ministerio de Justicia e Derechos Humanos. Información Legislativa y documental.
   http://infoleg.mecon.gov.ar/
Senado Federal. Biblioteca Acadêmico Luiz Viana Filho.
   http://www.senado.gov.br/senado/biblioteca/
Senate Budget Committee
   http://www.budget.senate.gov/
Sistema Argentino de Información Jurídica.
   http://www.infojus.gov.ar/home?11
Superior Tribunal de Justiça.
   http://www.stj.jus.br/portal_stj/publicacao/engine.wsp.
Supreme Court of the United States
   http://www.supremecourt.gov/
Supremo Tribunal Administrativo de Portugal
   http://www.stadministrativo.pt/

Supremo Tribunal de Justiça de Portugal
  http://www.stj.pt/
The Supreme Court Historical Society
  http://www.supremecourthistory.org
The United States Department of Justice
  http://www.justice.gov/
THOMAS. In the spirit of Thomas Jefferson, legislative information from the Library of Congress.
  http://thomas.loc.gov/home/thomas.php
Toda a Informação Jurídica. Um único sistema de pesquisa. Estados Unidos. Code of Federal Regulations.   http://cfr.vlex.com
Tribunal Constitucional de Portugal
  http://www.tribunalconstitucional.pt/tc/home.html
U. S. Court of Federal Claims
  www.uscfc.uscourts.gov
União Europeia http://europa.eu/index_pt.htm
United States Courts www.uscourts.gov
Universidade de Coimbra. Centro de Documentação.
  http://www1.ci.uc.pt/cd25a/wikka.php?wakka=organiz1

University of Notre Dame Archives.
<http://www.archives.nd.edu/cgi-bin/words.exe?precatorio>.

US Government Printing Office
http://www.gpo.gov/about/

USA House of Representatives
http://www.house.gov/

USA Senate http://www.senate.gov/

Verbo Jurídico (Portugal)
http://www.verbojuridico.com/

YouTube. Associação Paulista de Magistrados - APAMAGIS.
https://www.youtube.com/user/apamagisvideo

LEGISLAÇÃO USADA NO TEXTO.

LEGISLAÇÃO DO BRASIL
Constituição da República Federativa do Brasil de 1988

Código de Processo Civil de 2015

LEGISLAÇÃO ARGENTINA
Constituição da República Argentina

Código Civil Argentino

Código Penal Argentino

Lei 23.696/1990

Lei 23.982

Lei 23.982 de 1991

Lei 3.952/1900

LEGISLAÇÃO DOS ESTADOS UNIDOS DA AMÉRICA
Constituição dos Estados Unidos da América

Admiralty Act

Contract Dispute Act

Federal Employees Compensation Act

Judgment Fund Transparency Act

Military Personnel and Civilian Employees Claims Act

The Contract Disputes Act of 1978

The Indian Tribal Judgment Funds Use or Distribution Act

The Notification and Federal Employee Antidiscrimination Act of 2002

The Tucker Act

Tort Claims Act

US CODE

LEGISLAÇÃO DE PORTUGAL

Constituição da República Portuguesa

Carta de Lei de 3/1845

Código Civil de 1867

Código de Processo Civil português anterior de 1961 - Decreto-Lei 44.129/ 1961

Código de Processo Civil português de 2013

Código de Processo e Procedimento Tributário (CPPT) - Decreto-Lei n.º 433/99

Código de Processo nos Tribunais Administrativos" (CPTA) - Lei n.º 15/2002

Código do Imposto do Selo - Lei 150/1999

Código do Notariado, Decreto-Lei n.º 207/95, artigo 99.º, 6

Código do Registo Civil em vigor, Decreto-lei 131/1995

Collecção Chronologica de Leis Extravagantes -
Resolução de S. Magestade de 1786
Decreto 6.007 de 07 de agosto de 1919
Decreto-Lei n.º 06/2013

Sobre o autor.

EURÍPEDES GOMES FAIM FILHO é Doutor e Mestre em Direito pelo Departamento de Direito Econômico, Financeiro e Tributário da Faculdade de Direito da Universidade de São Paulo. Desembargador de acordo com o Provimento 2376/2016 do CSM/TJSP. Juiz de Direito S. em Segundo Grau no Tribunal de Justiça do Estado de São Paulo, atuando hoje na 15ª Câmara da Seção de Direito Público. Magistrado desde 1989. Professor e coordenador de cursos de Pós-graduação da Escola Paulista da Magistratura, professor eventual da Escola Superior do Ministério Público do Estado de São Paulo e ex-professor da Faculdade de Direito da Universidade Estadual Paulista (UNESP) onde iniciou em 1988, bem como de outras faculdades.
EURÍPEDES GOMES FAIM FILHO is Doctor (J. D. – PhD) and Master (LLM) in Law by the Department of Economic, Financial and Tax Law of the University of São Paulo's Law School. Justice according to Regulation 2376/2016 of the CSM / TJSP.

Law Judge at São Paulo State Supreme Court since 1989, working today in the 15th Chamber of Public Law Section. Professor and coordinator of postgraduate courses at Paulista **Judges and Justices'** School and eventual professor at the Superior School of the Public Prosecution Service of the State of São Paulo and former professor at the Paulista State University (UNESP)'s Law School, starting in 1988, as well as in other law schools.

Para contato: egfaimf@gmail.com.

Página na Amazon:
https://www.amazon.com/author/euripedesfaim

Página no Facebook:
https://www.facebook.com/falandodedireitopublico/

Página no Linkedin
https://www.linkedin.com/in/eur%C3%ADpedes-g-faim-f-12a50868/.

Anexo -
Decreto Português n°6007 de 07 de agosto de 1919.

O decreto que segue está com a ortografia original:
"Usando da faculdade concedida ao Governo pelo artigo 1.° do decreto com fôrça de lei n° 4.670, de 14 de Julho de 1918: hei por bem, sob proposta do Conselho de Administração da Caixa Geral de Depósitos, decretar o seguinte:
Artigo 1.° É aprovado o regulamento de depósitos obrigatórios que faz parte do presente decreto e baixa assinado pelo Ministro das Finanças.
Art. 2.° Fica revogada a legislação em contrário.
Os Ministros das Finanças e da Justiça e dos Cultos assim o tenham entendido e façam executar. Paços do Govêrno da República, 7 de Agosto de 1919. — João do
Canto e Castro Silva Antunes — Artur Alberto Camacho Lopes Cardoso — Francisco da Cunha Rêgo Chaves.
Regulamento de depósitos obrigatórios
CAPÍTULO I
Constituição dos depósitos
Artigo 1.° Nenhum tribunal, autoridade, repartição pública ou funcionário poderá ordenar ou autorizar depósitos fora da Caixa Geral de Depósitos, sob pena de nulidade dos mesmos e de incorrerem em responsabilidade por perdas e danos todos os que contravierem esta disposição. Exceptuam-se os depósitos em conta de operações de tesouraria e aqueles que, segundo as leis e regulamentos especiais em vigor, devam ficar temporáriamente nos cofres da Fazenda Pública.
§ 1.° Todos estes depósitos serão escriturados em conta corrente.

§ 2.º Os actuais depósitos necessários de conta moderna serão gradualmente transferidos para livros especiais, em forma de conta corrente.

Art. 2.º Os depósitos obrigatórios em dinheiro serão feitos à face de guias em duplicado passadas pelas autoridades judiciais ou administrativas, pelos directores e chefes de repartição ou outras entidades oficiais, por particulares, em virtude de anúncios publicados no Diário do Govêrno, ou de leis especiais que exijam a constituição dos depósitos.

§ 1.º As guias deverão conter:
a) Designação do nome e qualidade do depositante ;
b) Designação do cofre onde deve ser efectuado o depósito ;
c) Designação da quantia por extenso e algarismo;
d) Designação do processo, proveniência ou fins a que é destinado o depósito;
e) Designação da autoridade que autorizou o depósito e daquela à ordem de quem êle fica;
f) Designação se é a primeira relativa ao processo, e, não o sendo, número do conhecimento já existente ou data das guias anteriores.

§ 2.º Quando os depósitos sejam constituídos em papéis de crédito nacionais ou estrangeiros, notas dos bancos estrangeiros ou nacionais retiradas da circulação, letras, públicas-formas de escrituras ou outros documentos de dívida ou valores semelhantes, deverão as guias conter, além de todas as disposições do parágrafo anterior, a designação do valor representativo de cada papel, do seu número, da época a que respeitar o último juro ou dividendo pago e todos os característicos essenciais a cada documento, e, sendo títulos de assentamento, designação da pessoa a quem se referir o último pertence ou endôsso.

§ 3.º Quando os depósitos sejam constituídos em objectos serão estes encerrados em caixas ou volumes cintados, lacrados, selados e rubricados pela autoridade que ordenar a sua constituição, devendo as guias conter, além de todas as disposições do § 1.º dêste artigo, a descrição da forma, sinais e rubricas que cada volume tiver.

Cada depósito pode ser constituído em mais dum volume, mas um só volume não pode conter depósitos de diversas proveniências.

§ 4.º Serão constituídos com as formalidades do parágrafo anterior os depósitos em dinheiro quando provenientes de crime.

Art. 3.º Os depósitos de dinheiro em ouro, quando nas guias se declare que devem ser restituídos na mesma espécie, não vencem juros.

Art. 4.º Os títulos que constituem depósitos destinados a caução, quando sejam de assentamento, devem reùnir as condições exigidas para poderem ser vendidos.

Art. 5.º Os depósitos serão efectuados: na sede da Caixa Geral de Depósitos ; nas suas filiais, onde as houver; nas capitais dos distritos do continente e ilhas adjacentes; nas agências do Banco de Portugal, emquanto não sejam criadas filiais; e nas restantes localidades, nas tesourarias da Fazenda Pública.

Art. 6.º Recebido o depósito, será passado na guia o respectivo recibo de entrega, que servirá de título provisório à constituição de depósito e de salvaguarda ao depositante para o eximir da responsabilidade perante a autoridade respectiva.

§ 1.º Nos depósitos recebidos na sede da Caixa, serão as guias visadas pelo chefe de serviços dos depósitos obrigatórios e os recibos passados pelo respectivo tesoureiro.

§ 2.º Nos depósitos recebidos em qualquer filial serão as guias visadas pelo chefe e os recibos passados pelos tesoureiros.

§ 3.º Nos depósitos recebidos nas agências do Banco de Portugal, serão as guias visadas pelos directores de finanças distritais, e os recibos passados pelos agentes do mesmo Banco.

§ 4;º Nos depósitos recebidos nas tesourarias da Fazenda Pública, serão as guias visadas pelos chefes de Repartição de Finanças concelhias, e os recibos assinados por estes e pelos tesoureiros da Fazenda Pública.

Art. 7.º Os depósitos entrados nos concelhos serão escriturados no livro modêlo nº 11, do regulamento geral da Administração da Fazenda Pública, e remetidos os duplicados das guias no mesmo dia directamente à filial a que estiverem subordinados ou à sede da Caixa quando a não haja, enviando os chefes de Repartição de Finanças concelhias, dentro do referido prazo, às respectivas direcções de finanças o segundo talão do recibo modêlo nº 15.

Art. 8.º Os depósitos efectuados nas agências do Banco de Portugal, serão escriturados no livro modêlo nº 20 do mesmo regulamento geral da Administração da Fazenda Pública, e remetidos os duplicados das guias no mesmo dia, para a sede da Caixa, devidamente relacionados em modêlo especial fornecido pela Caixa.

Art. 9.º Dos depósitos recebidos na sede de cada filial ou nos concelhos que lhe estejam subordinados, sera remetida diáriamente à sede da Caixa uma nota global das totalidades das receitas entradas, com a discriminação de contas, acompanhando esta nota as guias que digam respeito a fundos diversos, visto terem escrituração especial.

Art. 10.º Todos os depósitos obrigatórios serão escriturados em conta corrente, como determina o § 1.º do artigo 1.º, sondo levados à conta de um só depósito todas as importâncias entradas e pertencentes ao mesmo processo. Estas contas serão encerradas no fim de cada ano económico, passando o saldo, tanto de capital como de juros, para conta nova.
§ único. Quando na mesma data forem recebidas guias relativas ao mesmo processo podem constituir uma só entrada, fazendo-se no conhecimento respectivo referência aos nomes dos depositantes e às quantias relativas a cada uma delas.
Art. 11.º Os depósitos constituídos em papéis de crédito e em objectos serão escriturados em livros apropriados de onde conste todo o seu movimento, sendo-lhes dada respectivamente numeração especial.
Art. 12.º Os depósitos em papéis de crédito serão encerrados em capas com a designação da data da entrada, cofre onde foram recebidos e número de ordem.
§ 1.º Nos volumes de objectos, depois de darem entrada em cofre, ser-lhes há lançada a data da entrada, cofre onde foram recebidos e número de ordem.
§ 2.º Nos depósitos em papéis de crédito ou objectos que não tenham sido recebidos na sede da Caixa ou suas filiais, proceder-se há pela forma indicada neste artigo o seu § 1.º, sendo-lhes dado o respectivo número em virtude de aviso expedido para êsse fim.
Art. 13.º Todas as guias depois de devidamente numeradas serão escrituradas por cofres e por meses em livros especiais com a destrinça de contas, a fim de se poder dar à Repartição de Contabilidade os elementos de conferência de que ela carece.
§ 1.º Com relação aos distritos em que haja filial, o registo dêste livro na sede da Caixa será

confeccionado pela nota diária de receita a que se refere o artigo 9.º englobando-se as receitas entradas em todos os cofres subordinados a cada filial.

§ 2.º A escrituração por cofres será feita na própria filial que deverá remeter à sede um boletim mensal pelas totalidades das suas receitas, com a destrinça daqueles onde as importâncias tenham dado entrada.

Art. 14.º Escrituradas que sejam as guias, será passado o respectivo conhecimento dentro do prazo de vinte e quatro horas, o qual servirá de título definitivo da constituição do depósito e de base para a autoridade deprecante ordenar os levantamentos.

Art. 15.º Os conhecimentos serão assinados pelo chefe de serviços ou por quem as suas vezes fizer, e deverão conter :

a) Número do depósito e do livro e folhas em que fôr escriturado;

b) Nome do depositante e do escrivão ou funcionário que passou as guias;

c) Designação da autoridade que ordenou o depósito e daquela à ordem de quem êle fica;

d) Designação da proveniência do depósito e do processo a que êle diz respeito;

e) Designação da quantia em algarismo e por extenso, ou a descrição dos objectos, valores e papéis de crédito, com todos os seus característicos.

Art. 16.º Dos depósitos entrados em qualquer cofre, nos distritos em que haja filial, serão os conhecimentos passados na própria filial e assinados pelo respectivo chefe.

Art. 17.º Nos depósitos de falências feitos na Caixa e nos que constituírem fundos diversos serão os conhecimentos substituídos por cadernetas que mostrem o movimento de todos os depósitos relativos a cada processo ou fundo.

Art. 18.º O conhecimento será remetido à autoridade que tiver ordenado o depósito, que' lhe dará o destino competente por forma a ficar constando que o depósito se acha definitivamente constituído.

§ 1.º Nos casos em que as guias declarem o destino que se deva dar ao conhecimento, será nessa conformidade feita a sua expedição.

§ 2.º Se o depósito tiver sido constituído sem intervenção da autoridade pública, será o conhecimento remetido à autoridade à ordem de quem o depósito deve ser levantado.

§ 3.º Os conhecimentos de depósitos provenientes de espólios consulares ou ultramarinos, de constituição de sociedades ou de outros, para cujos levantamentos se torne necessária a apresentação de documentos especiais, serão remetidos à secção que trate do contencioso, a fim de a seu tempo lhes dar o destino conveniente.

§ 4.º No caso de perda do conhecimento poderá passar-se segunda via a pedido da autoridade que ordenou o depósito ou daquela à ordem de quem êle estiver.

Art. 19.º A Caixa Geral de Depósitos abonará o juro de 2 por cento ao ano aos depósitos obrigatórios, em dinheiro, que se conservarem nos seus cofres além de sessenta dias completos, sendo êste juro calculado desde êsse prazo até a data do despacho do precatório-cheque.

Art. 20.º A Caixa Geral de Depósitos tem o direito de receber os juros ou dividendos de quaisquer papéis de crédito que se achem em depósito há mais de três anos, e cuja cobrança não tenha sido requisitada pela autoridade que tiver jurisdição no depósito ou promovida pelo interessado, requisitando à Repartição de Contabilidade a respectiva cobrança.

§ 1.º Feita a operação, o depois de deduzida a comissão de 1 por cento da importância recebida, será constituído, com o seu produto, novo depósito à face de guia passada pela Repartição de Contabilidade em que se declare os semestres a que a cobrança diz respeito. Estes depósitos vencerão juros nos termos do artigo 19.º § 2.º Constituído o depósito, será remetido à autoridade que tiver jurisdição sôbre êle o respectivo conhecimento, com a declaração da proveniência e fazendo referência ao depósito e processo primitivos.

Art. 21.º Dos depósitos constituídos, quer em dinheiro, quer em títulos que estejam servindo de caução a quaisquer contratos ou obrigações, podem, os depositantes receber os respectivos juros, salvo declaração em contrário da autoridade que tiver jurisdição sôbre o depósito.

§ único. Os juros dos depósitos em dinheiro serão pagos mediante precatório-cheque ordenado pela administração da Caixa Geral de Depósitos.

Art. 22.º Pelos depósitos obrigatórios, constituídos em títulos que estejam servindo de caução ou garantia, cobrará a Caixa a comissão anual de meio por mil do seu valor nominal.

§ único. Esta comissão será cobrada por meio de guia especial; processada na Repartido da Contabilidade na ocasião do recebimento dos juros dos títulos ou do levantamento do depósito.

CAPÍTULO II
Levantamento dos depósitos

Art. 23.º Os depósitos obrigatórios serão levantados por meio de precatórios-cheques, assinados pelas autoridades que tiverem jurisdição sôbre os depósitos, nos termos das leis e segundo a constituição dos mesmos depósitos. Estes precatórios-cheques deverão conter:

a) Designação da autoridade que ordena o levantamento;
b) Designação da pessoa ou pessoas a quem deve ser entregue a quantia deprecada e quaisquer circunstâncias que possam concorrer para evitar confusões sôbre a identidade das mesmas;
c) Designação do cofre onde se deve efectuar o pagamento;
d) Designação, por extenso o em algarismo, da quantia em moeda corrente;
e) Designação do número do depósito, do livro onde estiver escriturado e do cofre onde deu entrada, conforme constar do conhecimento ou conhecimentos respectivos;
f) Designação do processo a que o depósito disser respeito;
g) As assinaturas das autoridades que ordenarem o precatório-cheque e dos escrivães ou funcionários quo o passarem, devendo tais assinaturas ser autenticadas pelo sêlo branco, bem legível, do juízo, tribunal ou outra estação pública donde êle seja emanado, ou por meio de reconhecimento por notário, declarando-se a qualidade dos
h) O sêlo respeitante ao levantamento conforme as tabelas da lei em vigor.

§ 1.º Quando se trate de levantamento de papéis de crédito, deverá fazer-se a descrição do tipo, número e seu valor nominal ou de quaisquer outras circunstâncias necessárias, designando-se qual o valor em efectivo a que os papéis correspondem, ou por quanto foram cotados para o efeito do pagamento do sêlo.

§ 2.º Quando se trate de levantamento de objectos, devem estes ser descritos com todos os característicos respeitantes a cada volume, conforme constar do respectivo conhecimento.

§ 3.º As disposições dêste artigo aplicam-se aos depósitos existentes à data dêste regulamento.

Art. 24.º A Casa da Moeda emitirá e porá à venda precatórios-cheques, selados, segundo o modêlo adoptado pela administração da Caixa Geral de Depósitos.

Art. 25.º Os depósitos de falências à ordem do Tribunal do Comércio de Lisboa serão levantados por meio de cheques, fornecidos pela Caixa, assinados pelo juiz presidente do mesmo tribunal e pelo administrador da massa falida, fazendo-se neles referencia ao título da conta.

§ único. A disposição final deste artigo ó aplicável aos depósitos que constituem fundos diversos.

Art. 26.º Os precatórios-cheques serão apresentados pelos interessados na sede da Caixa, nas suas filiais, nas direcções de finanças distritais e nas repartições de finanças concelhias. Verificando-se que estão em termos legais, será dada ao apresentante uma cautela em que se indique o dia em que o precatório-cheque lhe deve ser restituído para os efeitos do pagamento, caso o mesmo se não efectue de pronto.

§ 1.º O precatório cheque quando apresentado na Repartição de Finanças concelhia será remetido no próprio dia à sede da Caixa ou respectiva filial.

§ 2.º O apresentado na Direcção de Finanças distrital, onde não haja filial, será remetido nas condições do parágrafo anterior directamente á sede da Caixa.

Art. 27.º Haverá na sede da Caixa o suas filiais livros apropriados para registo e expedição de precatórios-cheques.

Art. 28.º O cumprimento dos precatórios-cheques fica dependente do despacho do chefe de serviços de depósitos obrigatórios ou do chefe da filial respectiva, conforme o cofre em que o depósito tiver sido efectuado.

§ 1.º Quando o chefe de serviços de depósitos obrigatórios tenha dúvidas sôbre a legalidade do pagamento deprecado ou entenda que êle se não deva realizar, submeterá o processo a despacho da administração da Caixa, com informação sua baseada na dúvida que se lhe oferecer.

§ 2.º Quando a dúvida fôr suscitada pelo chefe de qualquer filial será o processo remetido, com informação sua, ao chefe de serviços de depósitos obrigatórios, a fim de ser submetido ao despacho da respectiva administração.

Art. 29.º Quando um precatório-cheque tiver sido processado a favor de pessoa que faleceu antes do recebimento da quantia deprecada, só por meio do novo precatório-cheque que declare substituir o primeiro, se poderá entregar aos interessados a referida quantia.

Art. 30.º Os precatórios-cheques, cujo pagamento se deva efectuar fora da sede da Caixa ou das suas filiais, serão cumpridos dentro das vinte o quatro horas seguintes à sua recepção.

Art. 31.º Para o pagamento dos precatórios-cheques ó indispensável o visto, o qual compete: na sede da Caixa ao chefe de serviços de depósitos obrigatórios, nas filiais aos chefes das mesmas, nas direcções de finanças distritais e repartições de finanças concelhias aos respectivos directores ou chefes de repartição.

Art. 32.º Na aposição ao visto deve atender-se:

a) Ao despacho exarado no precatório-cheque;

h) Ao pagamento do sêlo do recibo;

c) Ao reconhecimento das assinaturas, devendo o notário declarar que elas foram feitas na sua presença e na dos rogantes quando os interessados não saibam escrever.

Art. 33.º Os precatórios -cheques depois de pagos nas tesourarias da Fazenda Pública serão incluídos na primeira passagem de fundos para a agência do Banco de Portugal ou cofre que a substitua, a fim de os tesoureiros serem creditados pelas quantias quo pagaram ou depósitos que entregaram.

§ único. Tanto os precatórios-cheques a que êste artigo se refere como os pagos nas agências do Banco de Portugal ou cofre que as substitua, serão enviados pelas direcções de finanças distritais no fim de cada mês, devidamente relacionados, à filial a que os serviços estiverem subordinados ou à sede da Caixa quando a não haja.

Ari. 34.º Todos os documentos de receita e de despesa relativos aos serviços da repartição de depósitos obrigatórios, na sua sede, antes de darem entrada na tesouraria serão escriturados era minutas especiais.

§ único. No fim de cada dia serão processados boletins especiais pela totalidade das contas que representam para serem entregues na tesouraria em troca dos documentos que vão substituir.

Art. 35.º Todos os documentos pagos nos diferentes cofres do Estado, por conta da Caixa Geral de Depósitos, serão escriturados por esta na sua sede ou filiais, quando se credite o Tesouro, não havendo lugar a escrituração de despesa nas delegações.

§ único. Pela totalidade destes documentos serão enviadas -mensalmente à Repartição de Contabilidade da Caixa Geral de Depósitos uma relação e guia de transferência de fundos, pelas quais se fará o abono para crédito do Tesouro.

Art. 36.º A restituição dos depósitos será feita pelos cofres onde êles tenham sido efectuados, ou ainda em qualquer outro pertencente ao mesmo distrito. Exceptuam-se os pagamentos em que seja interessada a Fazenda Nacional e os respeitantes a conversões, que poderão realizar-se noutros cofres por meio de transferência gratuita pela Caixa Económica Portuguesa.

Art. 37.º A entrega dos juros será regulada em conformidade do que a tal respeito vier deprecado nos precatórios-cheques para o levantamento dos depósitos, ou será feita por um outro precatório-cheque. Para o efeito do cálculo dos referidos juros deverá sempre indicar-se o tempo a que são relativos.

Art. 38.º Todos os depósitos obrigatórios que durante cinquenta anos não tenham tido qualquer movimento, deixam de ser exigíveis e revertem a favor do fundo de reserva da Caixa, salvo mostrando-se que há processo judicial pendente.

§ único. A prescrição do depósito será oficialmente comunicada à autoridade que sôbre êle tiver jurisdição, para que conste do processo respectivo.

Art. 39.º Os juros em dívida, dos depósitos necessários ou obrigatórios, que não forem reclamados no prazo de três anos, a contar da data do levantamento total do mesmo depósito, deixam de ser exigíveis e revertem igualmente a favor do fundo de reserva da Caixa.

Art. 40.º Suscitada dúvida sôbre a restituição de qualquer depósito, o administrador geral resolverá em despacho fundamentado sôbre a procedência da mesma dúvida, autorizando ou recusando a restituição.

§ 1.º Este despacho será exarado no próprio precatório-cheque ou em fôlha anexa.

§ 2.º O precatório-cheque cujo cumprimento fôr recusado será restituído à parte, salvo havendo motivo para procedimento criminal.

§ 3.º O funcionário que fizer a restituição deverá declarar no precatório-cheque a data em que o entregou.

Art. 41.º Dos despachos proferidos pelo administrador geral, que denegarem cumprimento dos precatórios--cheques para levantamento do depósitos e seus juros, cabe aos interessados recurso para a Relação de Lisboa, que será interposto por meio de petição, dirigida a êste tribunal, em que se exponha a improcedência da recusa.

§ 1.º O recurso será interposto dentro do prazo de trinta dias, a contar da data da restituição do precatório-cheque.

§ 2.º O recorrente deverá juntar à petição do recurso o precatório-cheque recusado.

§ 3.º O processo será distribuído, preparado e julgado nos termos dos artigos 1070.º a 1074.º do Código do Processo Civil.

§ 4.º Antes do processo ir ao visto dos juízes, será continuado ao Ministério Público para responder no prazo de três dias; e quando êste seja recorrente, o juiz relator nomeará advogado que exerça as funções do Ministério Público para representar a Caixa.

Art. 42.º Do acórdão .da Relação cabe recurso para o Supremo Tribunal de Justiça, interposto pela parte ou pelo Ministério Público com efeito suspensivo, e que será processado nos próprios autos e nos mesmos termos em que são processados os agravos de petição perante êste tribunal.

§ 1.º O Ministério Público deverá sempre recorrer do acórdão da Relação que revogar o despacho proferido pela administração da Caixa.

§ 2.º Proferido o acórdão definitivo, dando provimento ao recurso e apresentada a respectiva certidão juntamente com o precatório-cheque, a administração mandará imediatamente dar-lhe cumprimento.

§ 3.º Na hipótese do parágrafo antecedente serão contados os juros até a data da apresentação da certidão do acórdão.

Art. 43.º As penhoras, embargos ou arrestos e arrolamentos, nos casos em que, segundo a lei, possam ter lugar, serão feitos nos próprios conhecimentos dos depósitos, lavrando-se os autos ou termos respectivos nos processos onde os mesmos estiverem e perante a autoridade que tiver jurisdição sôbre o depósito. Em caso algum poderão tais actos ser processados na Caixa Geral de Depósitos ou sôbre certidões extraídas do registo dos depósitos.

CAPÍTULO III
Modificações e conversões de depósitos

Art. 44.º A constituição dos depósitos pode ser modificada a pedido da autoridade competente e nos seguintes casos :

a) Quando tiver havido êrro ou omissão nas guias originárias ;

b) Quando se dê motivo superveniente que altere as condições do depósito.

Art. 45.º Essas modificações poderão ser feitas, segundo a sua natureza, por meio de ofício em que se declare que a modificação pedida foi averbada no respectivo conhecimento, ou por meio de precatório-cheque, que será acompanhado de guias para constituição do novo depósito, relativo à totalidade ou à parte do depósito que se pretende modificar.

Art. 46.º As conversões serão deprecadas por meio de precatórios passados ou mandados passar pelas autoridades competentes, nos termos legais, devendo atender-se às formalidades e declarações exigidas no artigo 23.º e suas alíneas para os precatórios-cheques.

§ único. Estes precatórios serão apresentados na sede da Caixa pelos interessados ou enviados oficialmente pelas autoridades respectivas.

Art. 47." Os depósitos poderão converter-se:
a) Sendo de dinheiro, em papéis de crédito;
b) Sendo de papéis de crédito, em dinheiro;
c) Sendo de papéis de crédito, em papéis de crédito de fundos diversos;
d) Sendo de papéis de crédito que estejam sorteados no todo ou em parte, em dinheiro ou outros papéis de crédito na parte correspondente aos títulos sorteados;
e) Sendo de títulos sujeitos a conversão, em outros criados de novo que os substituam;
f) Sendo de títulos ou valores a cuja liquidação seja urgente proceder, em dinheiro que produzir a cobrança respectiva ;
g) Sendo de objectos, em dinheiro.

Art. 48.º As conversões de que tratam as alíneas d) a c) do artigo precedente só poderão ter lugar quando deprecadas pela autoridade à ordem de quem se acha o depósito, e nos precisos termos que o precatório indicar.

No caso da alínea d) poderá também a administração, independente de precatório de conversão, ordenar que se proceda ao reembolso e que da importância total se aplique à compra de títulos da mesma natureza o necessário para perfazer o número primitivo dêsses títulos, ficando o excedente, se o houver, depositado à ordem da autoridade que pode deprecar o levantamento dos títulos, enviando-se o respectivo conhecimento. No caso das alíneas e) e f) constitui-se depósito com os novos títulos ou valores, dando-se imediato conhecimento à autoridade à ordem de quem foi constituído o depósito.

§ único. A Caixa cobrará por essas conversões as comissões estipuladas nos artigos 1.º e 3.º da base 1ª do decreto com fôrça de lei nº 4.670, de 14 de Julho de 1918.

Art. 49.º Sempre que, independentemente do mandado judicial, houver de proceder-se à venda de objectos preciosos, o conselho de administração fá-lo6 há examinar por pessoas competentes, a fim de serem recolhidos aos museus nacionais aqueles que porventura forem reputados dignos disso pelo seu valor histórico ou artístico.

A venda de objectos de ouro, prata, jóias e outros preciosos nunca poderá fazer-se por preço inferior a 80 por cento da respectiva avaliação polo contraste oficial ou pessoa competente.

Do produto líquido da venda se fará novo depósito, onde se registarão todas as declarações do primitivo.

Êste depósito fica vencendo juros.

Art. 50.º A conversão dos depósitos mencionada no artigo antecedente, bem como a dos que consistirem em papéis de crédito, pode também dar-se em qualquer época, quando haja sido requerida pelos legítimos interessados ou deferida pelas autoridades competentes, as quais deverão em tal caso dirigir precatório à administração da Caixa, em que declarem a anuência dos interessados e o despacho que tiver permitido a conversão, bem como as condições de que a mesma deve ficar dependente.

§ 1.º O processo de avaliação e da venda dos objectos, salvas quaisquer restrições estabelecidas no precatório, será o mesmo que fica determinado na parte final do artigo precedente.

§ 2.º Tratando-se de papéis de crédito, com cotação oficial, a venda será feita, em regra, por intermédio do corretor, e sendo de papéis de crédito ou outros valores que não tenham essa cotação, a venda far-se há em hasta pública, com prévia avaliação feita polo corretor e por preço não inferior a 80 por cento da mesma avaliação.

§ 3.º Realizada a venda e deduzidas do preço as despesas feitas com a conversão, do produto líquido se fará novo depósito, com todas as declarações que constarem do originário, enviando-se o conhecimento á autoridade deprecante.

CAPITULO IV
Disposições especiais para as ilhas adjacentes

Art. 51.º Ás delegações da Caixa Geral de Depósitos nas ilhas adjacentes é extensivo, na parte aplicável, o disposto neste regulamento com as alterações constantes dos artigos seguintes.

Art. 52.º As funções que no continente pertencem aos chefes de serviços serão desempenhadas pelos respectivos directores de finanças distritais, emquanto não forem criados serviços próprios.

Art. 53.º Os precatórios-cheques, depois de cumpridos, serão enviados à sede da Caixa para a aprovação dos respectivos pagamentos.

Art. 54.º As disposições do § 1.º do artigo 28.º e dos artigos 40.º a 42.º são aplicáveis às delegações das ilhas.

§ 1.º O prazo para a interposição do recurso a que se refere o § 1.º do artigo 41.º ó de sessenta dias.

§ 2.º Os directores de finanças distritais são responsáveis por todos os pagamentos que ordenarem em contravenção deste regulamento.

Art. 55.º Todos os documentos, quer de receita, quer de despesa, serão enviados à sede da Caixa para serem devidamente aprovados.

§ único. Os documentos de despesa serão escriturados em relações especiais, e pela sua totalidade se passará a respectiva guia de transferência de fundos, a fim de se fazerem os competentes abonos.

Art. 56.º Os depósitos pertencentes a fundos diversos que tenham de ser restituídos no continente serão apenas registados em livro próprio, recebendo a numeração na sede da Caixa.

CAPÍTULO V
Disposições gerais

Art. 57.º Nos pagamentos feitos nas tesourarias da Fazenda Pública de conta da Caixa Geral de Depósitos é dispensado o aviso prévio das direcções de finanças distritais.

Art. 58.º Os papéis e documentos inúteis, cadernetas, livros de escrituração e processos findos que se encontrarem no arquivo da Caixa há mais de trinta anos, poderão ser queimados ou ter outro destino conveniente, depois de seleccionados os que tiverem algum valor histórico, a fim de recolherem ao arquivo nacional.

Esta operação será resolvida em conselho de administração e dela se lavrará termo em que se mencionem os papéis destruídos e quaisquer circunstâncias dignas do registo, o qual será assinado pelo administrador geral o pelos respectivos chefes de serviços.

CAPÍTULO VI
Disposições transitórias

Art. 59.º As disposições deste regulamento entrarão em execução à medida que o conselho de administração da Caixa Geral de Depósitos o julgue oportuno, atendendo-se à conveniência e natureza dos serviços.

Paços do Governo da República, 7 de Agosto de 1919.

Os Ministros das Finanças e da Justiça e dos Cultos,
Artur Alberto Camacho Lopes Cardoso — Francisco da Cunha Rêgo Chaves."

---

[1] Requisitórios: Precatórios e Requisições de Pequeno Valor. Um Tema de Direito Financeiro. Tese de Doutorado. Faculdade de

Direito da Universidade de São Paulo, 2014, 295 páginas. Disponível da biblioteca da Faculdade de Direito de São Paulo, SP, e de Ribeirão Preto, SP.

[2] Disponível em http://servicios.infoleg.gob.ar/infolegInternet/anexos/0-4999/804/norma.htm. Acesso dia 22.12.2017.

[3] Artículo 116.- Corresponde a la Corte Suprema y a los tribunales inferiores de la Nación, el conocimiento y decisión de todas las causas que versen sobre puntos regidos por la Constitución, y por las leyes de la Nación, con la reserva hecha en el inciso 12 del Artículo 75; y por los tratados con las naciones extranjeras; de las causas concernientes a embajadores, ministros públicos y cónsules extranjeros; de las causas de almirantazgo y jurisdicción marítima; de los asuntos en que la Nación sea parte; de las causas que se susciten entre dos o más provincias; entre una provincia y los vecinos de otra; entre los vecinos de diferentes provincias; y entre una provincia o sus vecinos, contra un Estado o ciudadano extranjero.

[4] Conforme: SABSAY, Daniel A. e ONAINDIA, José M.. La Constitución de Los Argentinos. 3ª. Edición. Buenos Aires: Errepar, 1994, pág. 383/384

[5] Art. 75 15. Arreglar definitivamente los límites del territorio de la Nación, fijar los de las provincias, crear otras nuevas, y determinar por una legislación especial la organización, administración y gobierno que deben tener los territorios Nacionales, que queden fuera de los límites que se asignen a las provincias.

[6] Conforme: SABSAY, Daniel A. e ONAINDIA, José M.. Obra citada, pág. 227/229.

[7] Artículo 18.- Ningún habitante de la Nación puede ser penado sin juicio previo fundado en ley anterior al hecho del proceso, ni juzgado por comisiones especiales, o sacado de los jueces designados por la ley antes del hecho de la causa. Nadie puede ser obligado a declarar contra sí mismo; ni arrestado sino en virtud de orden escrita de autoridad competente. Es inviolable la defensa en juicio de la persona y de los derechos. El domicilio es inviolable, como también la correspondencia epistolar y los papeles privados; y una ley determinará en qué casos y con qué justificativos podrá procederse a su allanamiento y ocupación. Quedan abolidos para siempre la pena de muerte por causas políticas, toda especie de tormento y los azotes. Las cárceles de la Nación serán sanas y limpias, para seguridad y no para castigo

de los reos detenidos en ellas, y toda medida que a pretexto de precaución conduzca a mortificarlos más allá de lo que aquélla exija, hará responsable al juez que la autorice.

[8] Artículo 109.- En ningún caso el Presidente de la Nación puede ejercer funciones judiciales, arrogarse el conocimiento de causas pendientes o restablecer las fenecidas.

[9] Conforme: GORDILLO, Agustín. Tratado de Derecho Administrativo. 5º. Edición. Buenos Aires: Fundación de Derecho Administrativo, 1998, Tomo I, pág. IX 42. Essa obra é disponível para download em http://www.gordillo.com/index.php, acesso dia 30.07.2017.

[10] Artículo 17- La propiedad es inviolable, y ningún habitante de la Nación puede ser privado de ella, sino en virtud de sentencia fundada en ley. La expropiación por causa de utilidad pública, debe ser calificada por ley y previamente indemnizada. Sólo el Congreso impone las contribuciones que se expresan en el art. 4º. Ningún servicio personal es exigible, sino en virtud de ley o de sentencia fundada en ley. Todo autor o inventor es propietario exclusivo de su obra, invento o descubrimiento, por el término que le acuerde la ley. La confiscación de bienes queda borrada para siempre del Código Penal Argentino. Ningún cuerpo armado puede hacer requisiciones, ni exigir auxilios de ninguna especie.

Artigo 18 citado acima.

[11] Ley 19.549. Disponível em: http://servicios.infoleg.gob.ar/infolegInternet/anexos/20000-24999/22363/texact.htm Acesso em 30.07.2017.

[12] Conforme SALOMONI, Jorge Luis. El Contencioso Administrativo en la República Argentina: sus Principales Características en Las Etapas de Conformación Nacional y de Internacionalización del Ordenamiento Jurídico. Disponível em: http://bibliohistorico.juridicas.unam.mx/libros/5/2391/21.pdf., acesso em 30.07.2017 e CASSAGNE, Juan Carlos. Perspectivas de la Justicia Contencioso Administrativa Argentina en el Siglo XXI. Disponível em: http://www.cassagne.com.ar/publicaciones/1.pdf. Acesso em 30.07.2017. Jorge Salomoni menciona isso na página 502 e Juan Cassagne o faz nas páginas 17/18.

[13] Conforme ABERASTURY, Pedro. Execução judicial de sentenças contra o Estado. Brasília: Centro de Estudos Judiciários, 2003, série Cadernos CEJ volume 23, pág. 46/48 e 58 Disponível em: http://www.cjf.jus.br/cjf/CEJ-Coedi/serie-

cadernos/Volume%2023%20-%20EXECUCaO%20CONTRA%20A%20FAZENDA%20PUBLICA.pdf/view, acesso em 30.07.2017.

[14] Tradução livre. Original: Artículo 2344. Son bienes municipales los que el Estado o los Estados han puesto bajo el dominio de las municipalidades. Son enajenables en el modo y forma que las leyes especiales lo prescriban.

[15] Disponível em http://servicios.infoleg.gob.ar/infolegInternet/anexos/0-4999/381/texact.htm. Acesso dia 22.12.2017.

[16] Disponível em http://servicios.infoleg.gob.ar/infolegInternet/anexos/45000-49999/49258/texact.htm. Acesso dia 22.12.2017.

[17] Salvo anotação em contrário, as informações desta seção e da próxima foram extraídas de ABERASTURY, Pedro. Execução judicial de sentenças contra o Estado. Obra citada. Mencionar-se-á novamente essa referência somente quando houver citação literal para evitar repetições.

[18] id. ibid., pág. 71/72

[19] id. ibid., pág. 73

[20] Disponível em http://servicios.infoleg.gob.ar/infolegInternet/anexos/235000-239999/235975/norma.htm#8. Acesso dia 22.12.2017.

[21] Tradução livre. Original: ARTICULO 237. - Determinación y caracteres de las cosas del Estado. Uso y goce. Los bienes públicos del Estado son inenajenables, inembargables e imprescriptibles. Las personas tienen su uso y goce, sujeto a las disposiciones generales y locales.
La Constitución Nacional, la legislación federal y el derecho público local determinan el carácter nacional, provincial o municipal de los bienes enumerados en los dos artículos 235 y 236.

[22] id. ibid., pág. 74.

[23] Disponível em http://servicios.infoleg.gob.ar/infolegInternet/anexos/45000-49999/49258/texact.htm. Acesso dia 22.12.2017.

[24] Tradução livre. Original: ARTICULO 7. - Las decisiones que se pronuncien en estos juicios cuando sean condenatorios contra la Nación, tendrán carácter meramente declaratorio, limitándose al simple reconocimiento del derecho que se pretenda.
Disponível em
http://servicios.infoleg.gob.ar/infolegInternet/anexos/45000-

49999/49258/texact.htm. Acesso em 30.07.2017.
[25] Tradução livre. Original: Artículo 17- La propiedad es inviolable, y ningún habitante de la Nación puede ser privado de ella, sino en virtud de sentencia fundada en ley. La expropiación por causa de utilidad pública, debe ser calificada por ley y previamente indemnizada. [...]
[26] Conforme ABERASTURY, Pedro. Execução judicial de sentenças contra o Estado. Obra citada, pág. 51
[27] Disponível em http://servicios.infoleg.gob.ar/infolegInternet/anexos/55000-59999/58383/texact.htm. Acesso dia 22.12.2017.
[28] id. ibid., pág. 53
[29] Disponível em http://servicios.infoleg.gob.ar/infolegInternet/anexos/0-4999/98/texact.htm. Acesso dia 22.12.2017.
[30] Disponível em http://servicios.infoleg.gob.ar/infolegInternet/anexos/0-4999/98/texact.htm. Acesso em 30.07.2017. Tradução livre. Original:
ART. 50.- Suspéndese la ejecución de las sentencias y laudos arbitrales que condenen el pago de una suma de dinero dictadas contra el Estado Nacional y los demás entes descriptos en el artículo 1 de la presente ley por el plazo de DOS (2) años a partir de la fecha de vigencia de la presente ley. Quedan comprendidas en el régimen establecido en el presente Capítulo tanto las sentencias condenatorias dictadas contra el Estado Nacional y los entes mencionados en la primera parte de este artículo, en causas promovidas por las Provincias y/o Municipalidades, como aquellas sentencias pronunciadas en juicios que hubiera deducido el Estado Nacional contra las Provincias y/o Municipalidades. Este Capítulo será aplicable en jurisdicción provincial en aquellos casos en que se produzca la adhesión prevista en el artículo 68 de la presente ley. Quedan comprendidas en el régimen del presente Capítulo, las ejecuciones que pudieran promoverse por cobro de honorarios y gastos contra cualquiera de las partes en los juicios contemplados en el presente artículo.
ART. 51.- Las sentencias y laudos arbitrales que se dicten dentro del plazo establecido en el artículo anterior no podrán ser ejecutados hasta la expiración de dicho plazo.
ART. 52.- Vencido el plazo del artículo 50 de esta ley, el juez de la causa fijará el término de cumplimiento de las sentencias o laudo arbitral, previa vista al organismo demandado, para que

indique el plazo de cumplimiento. En ningún caso ese organismo podrá fijar un plazo mayor al de SEIS (6) meses. Si dicho organismo no contestare la vista o indicare un plazo irrazonable conforme con las circunstancias de la causa el término para el cumplimiento lo fijará el Juez.

[31] Disponível em http://servicios.infoleg.gob.ar/infolegInternet/anexos/0-4999/381/texact.htm. Acesso dia 22.12.2017.

[32] Disponível em http://servicios.infoleg.gob.ar/infolegInternet/anexos/0-4999/381/texact.htm. Acesso em 30.07.2017. Tradução livre. Original: ARTICULO 22. – A partir de la entrada en vigencia de la presente ley, el Poder Ejecutivo nacional deberá comunicar al Congreso de la Nación todos los reconocimientos administrativos o judiciales firmes de obligaciones de causa o título posterior al 1 de abril de 1991 que carezcan de créditos presupuestarios para su cancelación en la ley de presupuesto del año siguiente al del reconocimiento. El acreedor estará legitimado para solicitar la ejecución judicial de su crédito a partir de la clausura del período de sesiones ordinario del Congreso de la Nación en el que debería haberse tratado la ley de presupuesto que contuviese el crédito presupuestario respectivo.

[33] G. 454. XXXIV 16-09-1999 FAL Giovagnoli Cesar Augusto Caja Nacional de Ahorro y Seguro. Disponível em http://sjconsulta.csjn.gov.ar/sjconsulta/documentos/verUnicoDocumento.html?idAnalisis=473194, acesso em 30.07.2017. Tradução livre. Original: Conviene agregar que si el Poder Ejecutivo Nacional no cumple con el deber que le impone el art. 22 de la ley 23.982 el actor está facultado, de todos modos, a ejecutar la condena dineraria en los términos previstos en esta norma, pues no es admisible que el Estado pueda demorar el acatamiento de un fallo judicial mediante el incumplimiento de un deber legal.

[34] El Presupuesto Público en la Ejecución de Sentencias contra el Estado. Disponível em http://aberastury.com/wordpress/publicaciones/el-presupuesto-publico-en-la-ejecucion-de-sentencias-contra-el-estado/. Acesso em 30.07.2017.

[35] Artículo 240. - Para los efectos de los dos artículos precedentes, se reputará funcionario público al particular que tratare de aprehender o hubiere aprehendido a un delincuente en flagrante delito.

Disponível em http://servicios.infoleg.gob.ar/infolegInternet/anexos/15000-19999/16546/texact.htm#25. Acesso dia 22.12.2017.

[36] Art. 666 bis. Los jueces podrán imponer en beneficio del titular del derecho, condenaciones conminatorias de carácter pecuniario a quienes no cumplieron deberes jurídicos impuestos en una resolución judicial. Las condenas se graduarán en proporción al caudal económico de quien deba satisfacerlas y podrán ser dejadas sin efecto o reajustadas si aquél desiste de su resistencia y justifica total o parcialmente su proceder. (Artículo incorporado por art. 1° de la Ley N° 17.711 B.O. 26/4/1968. Vigencia: a partir del 1° de julio de 1968.) Disponível em http://www.infoleg.gov.ar/infolegInternet/anexos/105000-109999/109481/texactley340_libroII_S1_tituloXI.htm. Acesso em 30.07.2017.

[37] Tradução livre. Original: ARTICULO 804. - Sanciones conminatorias. Los jueces pueden imponer en beneficio del titular del derecho, condenaciones conminatorias de carácter pecuniario a quienes no cumplen deberes jurídicos impuestos en una resolución judicial. Las condenas se deben graduar en proporción al caudal económico de quien debe satisfacerlas y pueden ser dejadas sin efecto o reajustadas si aquél desiste de su resistencia y justifica total o parcialmente su proceder.
La observancia de los mandatos judiciales impartidos a las autoridades públicas se rige por las normas propias del derecho administrativo. Disponível em http://servicios.infoleg.gob.ar/infolegInternet/anexos/235000-239999/235975/norma.htm. Acesso dia 30.07.2017.

[38] Tratado de derecho administrativo y obras selectas. "La responsabilidad del Estado en la práctica". Tratado de Derecho Administrativo. 10ª ed., ahora como 1ª ed... Buenos Aires: Fundación de Derecho Administrativo, 2014, Tomo VII, Capítulo XXXII. Disponível em http://www.gordillo.com/pdf_tomo7/capitulo32.pdf. Acesso dia 31.10.2017. Usar-se-á esse texto para extrair as informações desta seção.

[39] "Pagar es siempre fuente de sospechas; no pagar es insospechable." GORDILLO, Agustín. Obra citada, pág. 649.

[40] "Cualquier lector avispado sabe cómo termina la historia: el cliente, viejo y enfermo, finalmente se rinde, revierte su rechazo al convenio que había caducado y cobra lo que quieran darle, como se lo quieran dar, cuando se lo quieran dar: al menos lo

recibe en vida, como un óbolo, como una limosna, como una ayuda estatal a la indigencia." GORDILLO, Agustín. Obra citada, pág. 640.

[41] "¿Para usted? No, hombre, si fuera para los funcionarios... bueno." GORDILLO, Agustín. Obra citada, pág. 643.

[42] Essa ideia de que o Common Law seja um direito baseado no costume do povo é antiga como se vê em Oliveira Vianna em sua obra de 1949 denominada Instituições Políticas Brasileiras e repetida em várias obras como, por exemplo, em MARTINS FILHO, Ives Gandra da Silva. As Condições da Ação e os Pressupostos Processuais do Dissídio Coletivo. Revista do Ministério Público do Trabalho. Brasília, N. 06 - 2º Semestre - Setembro de 1993, pág. 34.

Interessante ver o que disse Oliveira Viana:
"Nos países anglo-saxônicos, em que a técnica legislativa consiste principalmente em buscar esse direito elaborado pela massa (Common Law) para cristalizá-lo em leis (acts, statutes), esta "anexação" é um processo normal na formação do direito legal. Nos países, porém, como o daqui, não regidos pelo direito costumeiro, não se dá o mesmo -- o direito elaborado pelas elites, consubstanciado na lei e nos Códigos, difere sensivelmente do direito elaborado pela sociedade, na sua atividade criadora de normas e regras de conduta. Esta discordância chega mesmo, às vezes, a incompatibilidades radicais, que acabam revogando ou anulando a lei, isto é, a norma oficialmente promulgada." (Pág. 44).

Ressalte-se que na época de Oliveira Viana o que era bom era o que era feito pela elite, não se tendo o preconceito que hoje se vê às vezes contra a elite, e, como se vê no texto deste trabalho, o Common Law também tem uma origem na elite, inclusive no começo os próprios jurados tinham que ser cavalheiros e a lei era elaborada com base na decisão dos juízes do rei que trabalhavam no "King's Bench".

[43] UNITED KINGDOM. British Government. History of the Judiciary. Disponível em: http://www.judiciary.gov.uk/about-the-judiciary/introduction-to-justice-system/history-of-the-judiciary Acesso dia 31.07.2017. Os próximos três parágrafos têm essa fonte.

[44] Vicente Ráo reconhece que a base do Sistema do Common Law seja mesmo o precedente, mas diz que originalmente o precedente reproduzia o costume, o que não é exatamente fato, como se vê na informação colhida no Governo Britânico e citada

no texto de que a lei central na verdade substitui o costume e a lei local. (O Direito e a Vida dos Direitos. 4ª Edição anotada e atualizada por Ovídio Rocha Barros Sandoval. São Paulo: RT, 1997, volume I, pág. 127/130).

[45] Conforme JAMES, Philip S.. Introduction to English Law. Twelfth Edition. London: Butteerworths, 1989, pág. 07 e passim. Embora insista na questão do costume, José Cretella Júnior reconhece a importância do precedente nesse sistema ao dizer que "[...] os juízes da terra [...] são os depositários das leis, os oráculos vivos, que devem decidir em todos os casos de dúvidas e que são limitados por um juramento para decidir conforme a lei da terra." (Direito Administrativo Comparado. 4ª. Edição. Rio de Janeiro: Forense, 1992, pág. 141).

[46] Stare decisis na Cultura Jurídica dos Estados Unidos. O Sistema de Precedente Vinculante do Common Law. In Revista dos Tribunais, Fascículo Cível, Ano 87, volume 752, junho de 1998, págs. 11 a 21, pág. 12. No original: "The Stare decisis doctrine in the United States legal culture simply means that once the Court of last resort in the State or Federal judicial system has decided a principle of law to determine the case before it, thus establishing precedent, the Court will continue to adhere to that precedent, applying it to future cases where the relevant facts are substantially the same, even though the parties are not the same.[46] Therefore, "precedent" is the legal rule used by a court of last resort in the forum in which the case has been decided, applied to the relevant facts which create the issue before the court for decision. Stare decisis is the policy which requires that the courts subordinate to the court of last resort establishing the precedent follow that precedent and not "disturb a settled point. "[46] This principle, applying the doctrine of Stare decisis to establish binding precedent, comes to the United States legal culture from the English Common Law tradition."

[47] JAMES, Philip S.. Introduction to English Law. Obra citada, pág. 08.

[48] A frase é de JAMES, Philip S.. Introduction to English Law. Obra citada, pág. 08. Original, traduzido livremente: [...] In the legislative sphere Parliament is thus legally 'sovereign' and master, but this does not mean that the courts have no influence upon the development of enacted law; for, in order to be applied, every enactment, however it be promulgated, has to be interpreted (or construed), and the courts are the recognized interpreters of the law. [...]

[49] Conforme CRETELLA Jr., José. Direito Administrativo Comparado. Obra citada, pág. 07.
[50] Toda essa parte sobre Equity foi obtida em VICENTINI, Marcelo. Breve Paralelo entre as famílias romano-germânica, de Common Law e socialista. In Direito & Justiça. Revista da Faculdade de Direito da Pontifícia Universidade Católica do Rio Grande do Sul. Volume 20, ano XXI, 1999, pág. 259.
[51] COLE, Charles D.. Stare decisis na Cultura Jurídica dos Estados Unidos. O Sistema de Precedente Vinculante do Common Law. Obra citada, pág. 12.
[52] Conforme NOWAK, John E. e ROTUNDA, Ronald D.. Constitutional Law. Fourth Edition. St. Paul, Minn.: West Publishing, 1991, págs. 02 e 03.
[53] Conforme BAUM, Lawrence. A Suprema Corte Americana – Uma análise da mais notória e respeitada instituição judiciária do mundo contemporâneo. Rio de Janeiro: Forense, 1987, págs. 260 e seguintes.
[54] Ainda funciona a separação dos poderes? In: A Ordem Constitucional Americana. VVAA. Tradução de José Lívio Dantas. Rio de Janeiro, Forense-Universitária, 1987, pág. 57/58.
[55] Brynte Svedberg traduziu para o português um texto de Charles D. Cole o qual denominou de "Imunidade Soberana e Responsabilidade Civil do Governo Federal dos Estados Unidos da América. Execução contra a Fazenda Pública". (COLE, Charles D.. Sovereign Immunity and the Civil Liability of the Federal Government in the United States of America.) Centro de Estudos Judiciários, Conselho da Justiça Federal (Série Cadernos do CEJ, n. 23). Tradução de Brynte Svedberg Disponível em http://www.cjf.jus.br/cjf/corregedoria-da-justica-federal/centro-de-estudos-judiciarios-1/publicacoes-1/cadernos-cej. Acesso em 31.07.2017. O texto original nos foi gentilmente enviado por e-mail pelo Professor Charles D. Cole.
[56] https://www.royal.uk/role-monarchy. Acesso dia 31.07.2017.
[57] Disponível em https://www.senate.gov/civics/constitution_item/constitution.htm . Acesso dia 22.12.2017.
[58] Também no Brasil a Constituição da República no seu art. 1º, parágrafo único, reconhece a soberania popular ao dizer que *"Todo o poder emana do povo, que o exerce por meio de representantes eleitos ou diretamente, nos termos desta Constituição"*.
[59] Disponível em

http://www.planalto.gov.br/ccivil_03/constituicao/constituicaocompilado.htm. Acesso dia 22.12.2017.
[60] Vide no Supremo Tribunal Federal: Inq 1.710, Rel. Min. Sydney Sanches, julgamento em 27-2-2002, Plenário, DJ de 28-6-2002; Inq 1.344, Rel. Min. Sepúlveda Pertence, julgamento em 7-8-2002, Plenário, DJ de1º-8-2003; Inq 1.400-QO, Rel. Min. Celso de Mello, julgamento em 4-12-2002, Plenário, DJ de 10-10-2003; ARE 674.093, Rel. Min. Gilmar Mendes, decisão monocrática, julgamento em 20-3-2012, DJE de 26-3-2012; AI 657.235-ED, Rel. Min. Joaquim Barbosa, julgamento em 7-12-2010, Segunda Turma, DJE de 1º-2-2011; Pet 4.444, Rel. Min. Celso de Mello, decisão monocrática, julgamento em 21-10-2008, DJE de 28-10-2008. Inq 655, Rel. Min. Maurício Corrêa, julgamento em 1º-7-2002, Plenário, DJ de 29-8-2003; Inq 1.958, Rel. p/ o ac. Min. Ayres Britto, julgamento em 29-10-2003, Plenário, DJ de 18-2-2005; Inq 2.295, Rel. p/ o ac. Min. Menezes Direito, julgamento em 23-10-2008, Plenário, DJE de 5-6-2009. Inq 2.130, Rel. Min. Ellen Gracie, julgamento em 13-10-2004, Plenário, DJ de 5-11-2004; Inq 1.024-QO, Rel. Min. Celso de Mello, julgamento em 21-11-2002, Plenário, DJ de 4-3-2005; Inq 2.915, rel. min. Luiz Fux, julgamento em 9-5-2013, Plenário, DJE de 31-5-2013; Inq 2.874-AgR, rel. min. Celso de Mello, julgamento em 20-6-2012, Plenário, DJE de 1º-2-2013; Inq 2.332-AgR, Rel. Min. Celso de Mello, julgamento em 10-2-2011, Plenário, DJE de 1º-3-2011. Inq 2.134, Rel. Min. Joaquim Barbosa, julgamento em 23-3-2006, Plenário, DJ de 2-2-2007. RE 210.917, 12-8-1992, Rel. Min. Sepúlveda Pertence, RTJ 177/1375." RE 463.671-AgR, Rel. Min. Sepúlveda Pertence, julgamento em 19-6-2007, Primeira Turma, DJ de 3-8-2007; RE 577.785-AgR, Rel. Min. Ricardo Lewandowski, julgamento em 1º-2-2011, Primeira Turma, DJE de 21-2-2011; AI 681.629-AgR, Rel. Min. Joaquim Barbosa, julgamento em 19-10-2010, Segunda Turma, DJE de 12-11-2010. AP 355, Rel. Min. Celso de Mello, julgamento em 19-2-2004, Plenário, DJ de 10-8-2007; Inq 2.297, Rel. Min. Cármen Lúcia, julgamento em 20-9-2007, Plenário, DJ de 19-10-2007; Inq 2.390, Rel. Min. Cármen Lúcia, julgamento em 15-10-2007, Plenário, DJ de 30-11-2007; Inq 2.815, Rel. Min. Marco Aurélio, julgamento em 25-11-2009, Plenário, DJE de 18-12-2009; Inq 2.674, Rel. Min. Ayres Britto, julgamento em 26-11-2009, Plenário, DJE de 26-2-2010; Inq 2.332-AgR, Rel. Min. Celso de Mello, julgamento em 10-2-2011, Plenário, DJE de 1º-3-2011; RE 606.451-AgRsegundo,

Rel. Min. Luiz Fux, julgamento em 23-3-2011, Primeira Turma, DJE de 15-4-2011; RE 501.555-AgR, Rel. Min. Dias Toffoli, julgamento em 1º-2-2011, Primeira Turma, DJE de 28-3-2011; AI 401.600-AgR, Rel. Min. Celso de Mello, julgamento em 1º-2-2011, Segunda Turma, DJE de 21-2-2011. Pet 4.934, rel. min. Dias Toffoli, decisão monocrática, julgamento em 25-9-2012, DJE de 28-9-2012; e Súmula 245.

[61] RE 387945 / AC - ACRE Relator (a): Min. SEPÚLVEDA PERTENCE Julgamento: 14/02/2006   Órgão Julgador: Primeira Turma; HC 84446 / SP - SÃO PAULO; HABEAS CORPUS Relator (a): Min. SEPÚLVEDA PERTENCE Julgamento: 23/11/2004   Órgão Julgador: Primeira Turma; HC 106225 / SP - SÃO PAULO HABEAS CORPUS Relator (a): Min. MARCO AURÉLIO Relator (a) p/ Acórdão: Min. LUIZ FUX Julgamento: 07/02/2012   Órgão Julgador: Primeira Turma.

[62] Essas informações e a dos próximos quatro parágrafos foram extraídas de SHORTELL, Cristopher. Rights, Remedies, and the Impact of State Sovereign Immunity. Albany: State University of New York, 2008, páginas 13 a 15.

[63] Concordando com Cristopher Shortell vide BLACK, Henry Campbell e outros. Black's Law Dictionary. 6th edition. St. Paul: West Publishing, 1990, pág. 870.

[64] Obra citada, pág. 126.

No Black's Law Dictionary é possível encontrar a verbete "Petition de droit" como sendo um "petition of right", ou seja, uma forma inglesa antiga de procedimento para obter da coroa restituição de propriedade, o qual era utilizado quando a coroa estivesse de posse de bens móveis ou imóveis que o requerente considerasse controvertíveis pelas razões que apresentasse na petição.

[65] SHORTELL, Cristopher. Obra citada, páginas 13 a 15.

[66] Entende-se que "article" e "section" são traduzidos equivocadamente como sendo "artigo" e "seção", pois essa tradução está em desacordo com o sistema pátrio. Aplicando o sistema local cada "article" seria um capítulo, cada "section" uma seção, e cada parágrafo da seção um artigo, em que pese não assim numerado no original. Portanto, a Constituição Americana não tem sete artigos como em geral se afirma, mas sim sete capítulos. Uma tradução não pode ser literal, devendo trazer o texto original o mais próximo possível daquele idioma para o qual se traduz, inclusive considerando questões culturais,

como é aqui o caso uma questão de cultura jurídica brasileira.
[67] O grifo é de Cristopher Shortell, Obra citada, pág. 14.
Tradução livre do texto original em inglês: "The judicial Power shall extend to all Cases, in Law and Equity, arising under this Constitution, the Laws of the United States, and Treaties made, or which shall be made, under their Authority; to all Cases affecting Ambassadors, other public ministers and Consuls; to all Cases of admiralty and maritime Jurisdiction; to Controversies to which the United States shall be a Party; to Controversies between two or more States; between a State and Citizens of another State; between Citizens of different States; between Citizens of the same State claiming Lands under Grants of different States, and between a State, or the Citizens thereof, and foreign States, Citizens or Subjects."
[68] SHORTELL, Cristopher. Obra citada, páginas 13 a 15.
[69] COLE, Charles D.. Sovereign Immunity and the Civil Liability of the Federal Government in the United States of America. Obra citada.
[70] Conforme:
http://supremecourthistory.org/timeline_court_jay.html. Acesso em 31.07.2017.
[71] Tradução livre. No original: The Judicial power of the United States shall not be construed to extend to any suit in law or equity, commenced or prosecuted against one of the United States by Citizens of another State, or by Citizens or Subjects of any Foreign State.
Disponível em
https://www.law.cornell.edu/constitution/amendmentxi. Acesso dia 22.12.2017.
[72] JACOBS, Clyde E.. The Eleventh Amendment and Sovereign Immunity. Westport: Greenwood, 1972, páginas 75/76.
[73] COLE, Charles D.. Sovereign Immunity and the Civil Liability of the Federal Government in the United States of America. Obra citada.
[74] Este parágrafo e o de cima são conforme CHEMERINSKY, Erwin. Constitutional Law – Principles and Polices. 3r. Edition. New York: Aspen, 2006, páginas 180 a 182.
A XIV emenda está disponível em
https://www.law.cornell.edu/constitution/amendmentxiv. Acesso dia 22.12.2017.
[75] "Para que os grandes, gerais e essenciais princípios da liberdade e governo livre possam ser reconhecidos e

estabelecidos, nós declaramos: SEÇÃO 14 O Estado não será réu. Que o Estado do Alabama nunca será réu em qualquer tipo de corte." Tradução livre. No original: "That the great, general, and essential principles of liberty and free government may be recognized and established, we declare: SECTION 14 State not to be made defendant. That the State of Alabama shall never be made a defendant in any court of law or equity."
Disponível em:
http://alisondb.legislature.state.al.us/alison/codeofalabama/constitution/1901/CA-245545.htm. Acesso em 31.07.2017.
Mencionou-se esse Estado porque se teve oportunidade de estudar lá em 1994, sob a orientação do Professor Charles D. Cole, no programa de intercâmbio judicial da Associação Paulista de Magistrados, Associação Alumni e do United States Information Service.

[76] BREWER, Albert P. e COLE, Charles D.. Alabama Constitutional Law. Birmingham: Samford University Press, 1992, págs. 313 e seguintes.

[77] Conforme CHEMERINSKY, Erwin. Obra citada página 182.

[78] DURCHSLAG, Melvyn R.. State Sovereign Immunity. Westport: Praeger, 2002, passim. A expressão "à mercê da caridade do Estado" é de Melvyn R. Durchslag, como consta na página 153.

[79] Este parágrafo e os dois de cima estão conforme DOERNBERG, Donald L.. Sovereign Immunity or The Rule of Law – The New Federalism's Choice. Durham, North Carolina: Carolina Academic, 2004, páginas 209 a 219.
A citação, em tradução livre, se encontra na página 219 e no original diz: "Nothing can destroy a government more quickly than its failure to observe its own laws, or worse, its disregard of the charter of its own existence".

[80] Este parágrafo e o de cima conforme RASKIN, Jamin B.. Overruling Democracy. The Supreme Court vs. The American People. New York: Routledge, 2003, páginas 223/224

[81] NOWAK, John E e ROTUNDA, Ronald D.. Constitutional Law. 4th. Edition. Saint Paul: West Publishing, 1991, pág. 28

[82] NOWAK, John E e ROTUNDA, Ronald D.. Obra citada, pág. 28

[83] Black's Law Dictionary. Obra citada, pág. 1434. Aí se encontraram os primeiros quatro atos aqui citados.

[84] Esse item e os dois de cima se encontram em BENCE Jamie Lynn, CHU, Vivian S. and Yeh, Brian T.. The Judgment Fund

History, Administration, Common Usage. Washington: Legislative Attorney Congressional Research Service, 2013. Disponível em https://www.fas.org/sgp/crs/misc/R42835.pdf, Acesso em 31.07.2017.

[85] Vide: COLE, Charles D.. Sovereign Immunity and the Civil Liability of the Federal Government in the United States of America. Obra citada, em especial páginas 85 a 94 da tradução.

[86] Conforme COLE, Charles D.. Sovereign Immunity and the Civil Liability of the Federal Government in the United States of America. Obra citada. Vide em especial páginas 85 a 94 da tradução. Pág. 13/14 do texto original.

[87] No original: "Article I [The Legislative Branch], Section 9 [Limits on Congress], Clause 7". Entende o autor do presente estudo que a correta tradução para essas expressões em inglês é a que consta no texto, pois falsos cognatos existem no texto original, correspondendo melhor essas expressões em português como consta aqui. Tal afirmativa pode ser conferida também no BLACK, Henry Campbell e outros. Black's Law Dictionary. 6th edition. St. Paul: West Publishing, 1990, além do que consta no texto.

[88] Disponível em http://www.servat.unibe.ch/icl/br00000_.html. Acesso em 31.07.2013.

[89] VAJDA, Istvan, ZIMBRES, Patrícia de Queiroz Carvalho e SOUZA, Vanira Tavares de. (Tradutores) Constitution of The Federative Republic of Brazil. Brasília: The Federal Senate - Special Secretariat for Printing and Publishing - Under secretariat of Technical Publications, 2013. Disponível em http://www2.senado.leg.br/bdsf/handle/id/243334. Acesso dia 31.07.2017

[90] Também em BLACK, Henry Campbell e outros. Black's Law DictionaryObra citada, página 102, vocábulo "appropriation", sub vocábulo "Public law": "Public law. The act by which the legislative department of government designates a particular fund, or sets apart a specified portion of the public revenue or of the money in the public treasury, to be applied to some general object of governmental expenditure, or to some individual purchase or expense. Authority given by legislature to proper officers to apply distinctly specified sum from designated fund out of treasury in given year for specified object or demand against state. State ex rel. Murray v. Carter, 167 Okl. 473, 30 P.2d 700, 702. The legislative designation of a certain amount of money as being set apart, allotted, or assigned for a specific

purpose. Purpose of a general appropriation bill is to fund programs that have been separately authorized by other legislation. Colorado General Assembly v. Lamm, Colo, 704 P.2d 1371, 1382. A specific appropriation is an act of the legislature by which a named sum of money has been set apart in the treasury, and devoted to the payment of a particular demand."
[91] Vide <https://www.fiscal.treasury.gov/fsservices/gov/pmt/jdgFund/judgementFund_home.htm.>. Acesso dia 24.12.2017.
[92] United States Code. Código dos Estados Unidos da América. Consolidação de Leis Federais. Disponível em <https://www.law.cornell.edu/uscode/text/31/1304>. Acesso dia 24.12.2017.
[93] Disponível em <https://www.ssa.gov/OP_Home/comp2/F093-134.html.> Acesso dia 24.12.2017.
[94] Disponível em <https://www.justice.gov/usam/civil-resource-manual-70-contract-disputes-act.> Acesso dia 24.12.2017.
[95] Disponível em <https://www.eeoc.gov/eeoc/history/50th/thelaw/nofear.cfm.> Acesso dia 24.12.2017.
[96] Disponível em <https://www.law.cornell.edu/uscode/text/18/287.> Acesso dia 24.12.2017.
[97] Disponível em https://www.congress.gov/bill/115th-congress/senate-bill/565/text. Acesso dia 24.12.2017.
[98] As informações deste parágrafo e dos onze que o antecedem foram colhidas em: BENCE Jamie Lynn, CHU, Vivian S. and Yeh, Brian T.. The Judgment Fund History, Administration, Usage. Washington: Legislative Attorney Congressional Research Service, 2013. Disponível em https://www.fas.org/sgp/crs/misc/R42835.pdf, Acesso em 31.07.2017, *passim*; Financial Management Service. A Bureau of the United States Department of the Treasury https://www.fiscal.treasury.gov/, Acesso em 31.07.2017.
[99] Do Conselho de Estado ao Actual Supremo Tribunal Administrativo. Lisboa: Supremo Tribunal Administrativo, 1998. Disponível em <http://www.stadministrativo.pt/mainframe_2_07.html. Acesso em 31.07.2017.
[100] Conforme GARCIA, Maria da Glória Ferreira Pinto Dias. Do Conselho de Estado ao Actual Supremo Tribunal Administrativo.

Obra citada.
Vide: <http://www.stadministrativo.pt/mainframe_2_07.html.>
Acesso dia 24.12.2017.
[101] Disponível em
<http://www.parlamento.pt/Legislacao/Paginas/ConstituicaoRepublicaPortuguesa.aspx.> Acesso dia 24.12.2017.
[102] Artigo 211.º (Competência e especialização dos tribunais judiciais) 1. Os tribunais judiciais são os tribunais comuns em matéria cível e criminal e exercem jurisdição em todas as áreas não atribuídas a outras ordens judiciais. [...]
[103] Artigo 215.º (Magistratura dos tribunais judiciais) 1. Os juízes dos tribunais judiciais formam um corpo único e regem-se por um só estatuto. [...]
[104] Artigo 217.º (Nomeação, colocação, transferência e promoção de juízes).
1. A nomeação, a colocação, a transferência e a promoção dos juízes dos tribunais judiciais e o exercício da acção disciplinar competem ao Conselho Superior da Magistratura, nos termos da lei.
2. A nomeação, a colocação, a transferência e a promoção dos juízes dos tribunais administrativos e fiscais, bem como o exercício da acção disciplinar, competem ao respectivo conselho superior, nos termos da lei.
3. A lei define as regras e determina a competência para a colocação, transferência e promoção, bem como para o exercício da acção disciplinar em relação aos juízes dos restantes tribunais, com salvaguarda das garantias previstas na Constituição.
[105] Artigo 223.º (Competência)
1. Compete ao Tribunal Constitucional apreciar a inconstitucionalidade e a ilegalidade, nos termos dos artigos 277.º e seguintes.
2. Compete também ao Tribunal Constitucional:
a) Verificar a morte e declarar a impossibilidade física permanente do Presidente da República, bem como verificar os impedimentos temporários do exercício das suas funções;
b) Verificar a perda do cargo de Presidente da República, nos casos previstos no n.º 3 do artigo 129.º e no n.º 3 do artigo 130.º;
c) Julgar em última instância a regularidade e a validade dos actos de processo eleitoral, nos termos da lei;
d) Verificar a morte e declarar a incapacidade para o exercício da função presidencial de qualquer candidato a Presidente da República, para efeitos do disposto no n.º 3 do artigo 124.º;

e) Verificar a legalidade da constituição de partidos políticos e suas coligações, bem como apreciar a legalidade das suas denominações, siglas e símbolos, e ordenar a respectiva extinção, nos termos da Constituição e da lei;

f) Verificar previamente a constitucionalidade e a legalidade dos referendos nacionais, regionais e locais, incluindo a apreciação dos requisitos relativos ao respectivo universo eleitoral;

g) Julgar a requerimento dos Deputados, nos termos da lei, os recursos relativos à perda do mandato e às eleições realizadas na Assembleia da República e nas Assembleias Legislativas das regiões autónomas;

h) Julgar as acções de impugnação de eleições e deliberações de órgãos de partidos políticos que, nos termos da lei, sejam recorríveis.

3. Compete ainda ao Tribunal Constitucional exercer as demais funções que lhe sejam atribuídas pela Constituição e pela lei.

O mencionado artigo 277 trata da fiscalização da constitucionalidade por ação, o art. 278 da fiscalização preventiva da constitucionalidade, o art. 279 dos efeitos da decisão de inconstitucionalidade, o art. 281 trata da fiscalização abstrata da constitucionalidade e da legalidade.

Sobre competência desse Tribunal vide: Competência e processo; Competências; e Processos.

[106] Artigo 280.º (Fiscalização concreta da constitucionalidade e da legalidade)

1. Cabe recurso para o Tribunal Constitucional das decisões dos tribunais:

a) Que recusem a aplicação de qualquer norma com fundamento na sua inconstitucionalidade;

b) Que apliquem norma cuja inconstitucionalidade haja sido suscitada durante o processo.

2. Cabe igualmente recurso para o Tribunal Constitucional das decisões dos tribunais:

a) Que recusem a aplicação de norma constante de acto legislativo com fundamento na sua ilegalidade por violação da lei com valor reforçado;

b) Que recusem a aplicação de norma constante de diploma regional com fundamento na sua ilegalidade por violação do estatuto da região autónoma;

c) Que recusem a aplicação de norma constante de diploma emanado de um órgão de soberania com fundamento na sua ilegalidade por violação do estatuto de uma região autónoma;

d) Que apliquem norma cuja ilegalidade haja sido suscitada durante o processo com qualquer dos fundamentos referidos nas alíneas a), b) e c).
3. Quando a norma cuja aplicação tiver sido recusada constar de convenção internacional, de acto legislativo ou de decreto regulamentar, os recursos previstos na alínea a) do n.º 1 e na alínea a) do n.º 2 são obrigatórios para o Ministério Público.
4. Os recursos previstos na alínea b) do n.º 1 e na alínea d) do n.º 2 só podem ser interpostos pela parte que haja suscitado a questão da inconstitucionalidade ou da ilegalidade, devendo a lei regular o regime de admissão desses recursos.
5. Cabe ainda recurso para o Tribunal Constitucional, obrigatório para o Ministério Público, das decisões dos tribunais que apliquem norma anteriormente julgada inconstitucional ou ilegal pelo próprio Tribunal Constitucional.
6. Os recursos para o Tribunal Constitucional são restritos à questão da inconstitucionalidade ou da ilegalidade, conforme os casos.

[107] Disponível em <http://www.stj.pt/ficheiros/fpstjptlp/portugal_codigocivil.pdf.> Acesso dia 24.12.2017.
[108] Disponível em <http://www.stj.pt/ficheiros/fpstjptlp/portugalcpcivilnovo.pdf.> Acesso dia 24.12.2017.
[109] « Ubi Lex voluit dixit, ubi noluit tacuit. »
"Exceptiones sunt strictissimoe interpretationis."
Hermenêutica e Aplicação do Direito. 19ª Edição. Rio de Janeiro: Forense, 2010, págs. 183 e 198.
[110] Disponível em <http://www.stadministrativo.pt/Lportuguesa/legislacao/CPTA2015.html.> Acesso dia 24.12.2017.
[111] Disponível em <http://www.dgpj.mj.pt/sections/leis-da-justica/livro-iii-leis-civis-e-consolidacao-processo/preambulo-44129-1961-pdf/downloadFile/file/Preambulo_1961_44129.pdf?nocache=1286969008.74.> Acesso dia 24.12.2017.
[112] O Código de Processo Civil trata do agente de execução sendo ele um auxiliar do juízo, podendo contratar empregados para trabalhar com ele e é remunerado por meio de honorários pagos pelo exequente, respondendo também esse último pelas despesas que o agente tiver, sendo cabível reembolso por parte do executado.

Tal agente é designado pelo exequente entre os registrados em lista oficial ou pela secretaria segundo escala oficial, se a indicação não ocorrer ou não for válida.

O agente ou seu empregado pode realizar quaisquer diligências materiais do processo executivo, salvo apreensão material de bens ou a venda.

As atribuições dele também se estabelecem por exclusão, ou seja, ele pode fazer qualquer ato que não seja atribuído à secretaria ou da competência do juiz.

As funções do agente de execução serão exercidas por oficial de Justiça nas seguintes situações: 1. Nos casos previstos em lei; 2. Quando o exequente for o Estado; 3. Quando o exequente for representado pelo Ministério Público; 4. Quando o juiz o determinar a pedido do exequente ou do agente de execução; 5. Nas execuções de pequeno valor; e 6. Em outros casos.

Ao juiz compete exercer as intervenções previstas na lei em geral e especialmente proferir decisões liminares, julgar oposições ou reclamações (os embargos daqui), e decidir questões que trouxerem o agente de execução, as partes ou terceiros intervenientes.

[113] Não foi mais possível encontrar esse documento na internet, razão pela qual ele foi incluído como anexo no final deste livro.

[114] A expressão "ofício precatório" existe no Código do Registo Civil em vigor, Decreto-lei 131/1995, artigo 226.º, 4, com o mesmo sentido de "carta precatória" brasileira. O mesmo ocorre no Código do Notariado, Decreto-Lei n.º 207/95, artigo 99.º, 6. Contudo a Lei nº 33/95 no Artigo 177º, 1, Código de Processo Civil revogado, e o atual Código de Processo Civil, Lei 41/2013 de 26 de junho, no artigo 172º, 1, preferiram a expressão "carta precatória" como se faz aqui.

[115] Disponível em <https://dre.pt/web/guest/legislacao-consolidada/-/lc/107055814/201710212222/diploma/4?rp=indice&q=Lei+150%2F1999&did=34540175,> Acesso dia 24.12.2017.

[116] O texto da carta não foi possível encontrar, mas referência a ela como criadora da Caixa Geral de Depósitos pode ser encontrada em https://dre.pt/pesquisa/-/search/324487/details/maximized.

[117] Vide: https://dre.pt/web/guest/pesquisa/-/search/526586/details/normal?q=Decreto-Lei+n.%C2%BA%2048953%2C%20de+5+de+Abril+de+1969, item 2 do texto. Aí consta um histórico da Caixa.

[118] Disponível em <https://dre.pt/web/guest/pesquisa/-/search/526586/details/normal?q=Decreto-Lei+n.%C2%BA%2048953%2C%20de+5+de+Abril+de+1969.> Acesso dia 24.12.2017.
[119] Disponível em <https://dre.pt/web/guest/pesquisa/-/search/414458/details/normal?q=Decreto-Lei+n.%C2%BA%20693%2F70+da+31+de+Dezembro.> Acesso dia 24.12.2017.
[120] Na versão original da tese de onde veio o presente texto, bem como na versão física deste livro constou que não se tinha registro da revogação do Decreto 6.007.
De fato, em pesquisas então realizadas, nada foi encontrado a esse respeito.
Ocorre que em 26 de abril de 2017 o Governo de Portugal operou profunda renovação na página da internet daquele Diário com grandes melhorias na sua acessibilidade, bem como o tornando disponível gratuitamente. (Vide a esse respeito: http://www.portalvejaagora.com/diario-da-republica-esta-mais-acessivel-e-passou-a-ser-gratuito-na-internet#sthash.fZ9fgrNl.dpbs).
Por isso, só agora a notícia da revogação chegou a este autor que complementou e corrigiu o texto como aqui consta.
[121] Disponível em <https://dre.pt/web/guest/pesquisa/-/search/324487/details/maximized?p_p_auth=MI8jCBH4.> Acesso dia 24.12.2017.
[122] Disponível em <https://dre.pt/web/guest/pesquisa/-/search/692261/details/normal?p_p_auth=7WL6pQQv.> Acesso dia 24.12.2017.
[123] Disponível em <http://www.bancobpi.pt/particulares/guia-do-fisco-2013.> Acesso dia 24.12.2017.
[124] Disponível em <https://portal.oa.pt/advogados/pareceres-da-ordem/gabinete-de-estudos/2000/parecer-cl1000/.> Acesso dia 24.12.2017.
[125] Acórdão nº 358/98. Processo n.º 322/97. Conselheiro Messias Bento. 2ª Secção do Tribunal Constitucional. Lisboa, 12 de Maio de 1997; Acórdão nº 69/99. Proc. nº 69/97. 1ª Secção. Rel. Cons. Tavares da Costa. Lisboa, 3 de Fevereiro de 1999; Acórdão N.o 350/91[1]. Processo: n.º 128/90. 2ª Secção. Relator: Conselheiro Mário de Brito.
Vide: http://www.tribunalconstitucional.pt/tc/home.html.
[126] Sessão Processo Relator: 05/06/2012 409/10 1tcfunl1s1 Lopes Do Rego; 31/01/2012 5253/042tbvngp1s1 Serra Baptista;

15/12/2011 345/2002 111s1 Fernandes Da Silva; 06/07/2011 279/960taalmp1s1 Sousa Fonte; 08/02/2011 153/04 9tbtmcp1s1 Sebastião Póvoas; 03/02/2011 190-A/1999e1s1 Lopes Do Rego; 01/07/2009 279/960taalms1 Armindo Monteiro; 13/03/2008 07p3204 Souto De Moura; 27/11/2007 07s2887 Bravo Serra; 17/10/2007. Pires Da Graça; 31/10/2006 06a2989 Silva Salazar; 06/07/2005 04b4522 Bettencourt De Faria; 08/06/2005 05s929 Sousa Peixoto; 15/03/200504b4666 Luís Fonseca; 02/12/2004 04b2768 Neves Ribeiro; 11/12/2003 03a3792 Lopes Pinto; 17/12/2002 02a3669 Ribeiro Coelho; 21/11/2002 02b2891 Ferreira Girão; 12/11/2002 02s1405 Mário Torres; 24/04/2002 02b792 Oliveira Barros; 05/03/2002. 02a036 Armando Lourenço; 12/07/2001 00a1867 Armando Lourenço; 23/01/2001 98b994 Moura Cruz; 18/05/1999 99b302 Roger Lopes; 15/12/1998 98a1138 Ribeiro Coelho; 30/04/1997 97b008 Miranda Gusmão; 07/11/1996 96p391 Sousa Guedes; 12/03/1996 087870 Sampaio Da Novoa; 08/02/1994084640 Cesar Marques; 28/05/1992 082442 Jose Magalhães.
Vide: http://www.stj.pt/.
[127] Sessão Processo Relator: 03/11/2011 069/10 Adérito Santos; 22/02/2011 026/10 Fonseca Ramos; 02/05/1989 025060 Miranda Duarte; 27/05/1976009817 Pamplona Corte Real.
Vide: http://www.stadministrativo.pt/.
[128] http://vlex.pt/tags/cheque-precatorio-827020, acesso em 11.09.2017.
[129] Acção executiva: bloqueios e perspectivas sob o enfoque da magistratura judicial. Disponível em < http://www.dgpj.mj.pt/sections/informacao-e-eventos/anexos/sections/informacao-e-eventos/anexos/dr-ferreira-girao/downloadFile/file/fg.pdf?nocache=1210676672.22>. Acesso em 11.09.2017.
[130] PEDROSO, João e CRUZ, Cristina (Coordenadores). VVAA. A Acção Executiva: Caracterização, Bloqueios e Propostas de Reforma. Observatório Permanente da Justiça Portuguesa. Centro de Estudos Sociais. Faculdade de Economia. Universidade de Coimbra. Março de 2001. Disponível em http://opj.ces.uc.pt/portugues/relatorios/relatorio_1.html. Acesso dia 11.09.2017, pág. 95.
[131] Disponível em <http://historico.simplex.gov.pt/downloads/2008BalancoSimplex.pdf.> Acesso dia 24.12.2017.

[132] Vide http://www.altamente.org/estado-tem-contas-bancarias-a-zero-e-apenas-um-imovel-em-seu-nome-que-foi-penhorado/. Acesso em 11.09.2017.
[133] Conforme: REALE, Miguel. Lições Preliminares de Direito. 9ª. Edição. São Paulo: Saraiva, 1981, pág. 141.
[134] Conforme ARAÚJO NETTO, Edmir de. Curso de Direito Administrativo. 5ª. Edição. São Paulo: Saraiva, 2010, pág. 63
[135] Sobre isso vide: DI PIETRO, Maria Sylvia Zanella. Direito Administrativo. 19ª. Edição. São Paulo: Atlas, 2006, pág. 44 e 45 e MEIRELLES, Hely Lopes. Direito Administrativo Brasileiro. 27ª edição, atualizada por Eurico de Andrade Azevedo, Délcio Balestero Aleixo e José Emmanuel Burle Filho. São Paulo: Malheiros, 2002, pág. 53/57.
[136] Disponível em <http://www.planalto.gov.br/ccivil_03/constituicao/emendas/emc/emc03.htm.> Acesso dia 24.12.2017.
[137] Disponível em <http://www.planalto.gov.br/ccivil_03/constituicao/constituicaocompilado.htm.> Acesso dia 24.12.2017.
[138] Disponível em <http://www.planalto.gov.br/ccivil_03/leis/L9868.htm.> Acesso dia 24.12.2017.
[139] Conforme ARAÚJO, Luiz Alberto David e NUNES JÚNIOR, Vidal Serrano. Curso de Direito Constitucional. 11ª. Edição. São Paulo: Saraiva, 2007, pág. 48/49.
[140] EMENTA: [...] 1. É constitucional lei ordinária que define como de eficácia vinculante os julgamentos definitivos de mérito proferidos pelo Supremo Tribunal Federal em ação direta de inconstitucionalidade (Lei 9868/99, artigo 28, parágrafo único). 2. [...] (Rcl 1880 AgR, Relator (a): Min. MAURÍCIO CORRÊA, Tribunal Pleno, julgado em 07/11/2002, DJ 19-03-2004 PP-00017 EMENT VOL-02144-02 PP-00284) (grifo nosso). Disponível em <http://www.stf.jus.br/portal/jurisprudencia/listarJurisprudencia.asp?s1=%28Rcl%24%2ESCLA%2E+E+1880%2ENUME%2E%29+OU+%28Rcl%2EACMS%2E+ADJ2+1880%2EACMS%2E%29&base=baseAcordaos&url=http://tinyurl.com/a5ns93t.> Acesso dia 24.12.2017.
[141] Disponível em <http://www.planalto.gov.br/ccivil_03/constituicao/emendas/emc/emc45.htm.> Acesso dia 24.12.2017.
[142] Conforme: MORAES, Alexandre de. Direito Constitucional.

19ª. Edição. São Paulo: Atlas, 2006, pág. 514.

[143] Disponível em <http://www.planalto.gov.br/ccivil_03/_ato2015-2018/2015/lei/l13105.htm.> Acesso dia 24.12.2017.

[144] Art. 489. São elementos essenciais da sentença: [...] § 1º Não se considera fundamentada qualquer decisão judicial, seja ela interlocutória, sentença ou acórdão, que: [...] VI - deixar de seguir enunciado de súmula, jurisprudência ou precedente invocado pela parte, sem demonstrar a existência de distinção no caso em julgamento ou a superação do entendimento. [...]
Art. 927. Os juízes e os tribunais observarão: I - as decisões do Supremo Tribunal Federal em controle concentrado de constitucionalidade; II - os enunciados de súmula vinculante; III - os acórdãos em incidente de assunção de competência ou de resolução de demandas repetitivas e em julgamento de recursos extraordinário e especial repetitivos; IV - os enunciados das súmulas do Supremo Tribunal Federal em matéria constitucional e do Superior Tribunal de Justiça em matéria infraconstitucional; V - a orientação do plenário ou do órgão especial aos quais estiverem vinculados. [...]
Art. 1.035. O Supremo Tribunal Federal, em decisão irrecorrível, não conhecerá do recurso extraordinário quando a questão constitucional nele versada não tiver repercussão geral, nos termos deste artigo. [...] § 3º Haverá repercussão geral sempre que o recurso impugnar acórdão que: I - contrarie súmula ou jurisprudência dominante do Supremo Tribunal Federal; [...].

[145] Disponível em <http://www.planalto.gov.br/ccivil_03/leis/2002/L10406compilada.htm.> Acesso dia 24.12.2017.

[146] Art. 98. São públicos os bens do domínio nacional pertencentes às pessoas jurídicas de direito público interno; todos os outros são particulares, seja qual for a pessoa a que pertencerem.

[147] Art. 99. São bens públicos: I - os de uso comum do povo, tais como rios, mares, estradas, ruas e praças; II - os de uso especial, tais como edifícios ou terrenos destinados a serviço ou estabelecimento da administração federal, estadual, territorial ou municipal, inclusive os de suas autarquias; III - os dominicais, que constituem o patrimônio das pessoas jurídicas de direito público, como objeto de direito pessoal, ou real, de cada uma dessas entidades. Parágrafo único. Não dispondo a lei em contrário, consideram-se dominicais os bens pertencentes às

pessoas jurídicas de direito público a que se tenha dado estrutura de direito privado.
[148] Código Civil:
Art. 100. Os bens públicos de uso comum do povo e os de uso especial são inalienáveis, enquanto conservarem a sua qualificação, na forma que a lei determinar.
Art. 101. Os bens públicos dominicais podem ser alienados, observadas as exigências da lei.
Art. 102. Os bens públicos não estão sujeitos à usucapião.
[149] Art. 833. São impenhoráveis: I - os bens inalienáveis e os declarados, por ato voluntário, não sujeitos à execução; [...].
[150] Conforme ARAÚJO, Edmir Netto de. Curso de Direito Administrativo. 5ª Edição. São Paulo: Saraiva, 2012, pág. 1126; DI PIETRO, Maria Sylvia Zanella. Direito Administrativo. 19ª Edição. São Paulo: Atlas, 2006, pág. 643; MEIRELLES, Hely Lopes. Direito Administrativo Brasileiro. 27ª Edição atualizada por Eurico de Andrade Azevedo e outros. São Paulo: Malheiros, 2002. pág. 510
[151] Art. 100. Os pagamentos devidos pelas Fazendas Públicas Federal, Estaduais, Distrital e Municipais, em virtude de sentença judiciária, far-se-ão exclusivamente na ordem cronológica de apresentação dos precatórios e à conta dos créditos respectivos, proibida a designação de casos ou de pessoas nas dotações orçamentárias e nos créditos adicionais abertos para este fim. (Redação dada pela Emenda Constitucional nº 62, de 2009). (Vide Emenda Constitucional nº 62, de 2009)
[152] Código de Processo Civil de 2015: Art. 535 § 3º Não impugnada a execução ou rejeitadas as arguições da executada: I - expedir-se-á, por intermédio do presidente do tribunal competente, precatório em favor do exequente, observando-se o disposto na Constituição Federal; II - por ordem do juiz, dirigida à autoridade na pessoa de quem o ente público foi citado para o processo, o pagamento de obrigação de pequeno valor será realizado no prazo de 2 (dois) meses contado da entrega da requisição, mediante depósito na agência de banco oficial mais próxima da residência do exequente.
[153] Art. 100 § 5º É obrigatória a inclusão, no orçamento das entidades de direito público, de verba necessária ao pagamento de seus débitos, oriundos de sentenças transitadas em julgado, constantes de precatórios judiciários apresentados até 1º de julho, fazendo-se o pagamento até o final do exercício seguinte, quando

terão seus valores atualizados monetariamente. (Redação dada pela Emenda Constitucional nº 62, de 2009).

[154] A respeito disso vide: FAIM Fº, Eurípedes G. **Evolução Histórica dos Precatórios no Brasil até a Constituição de 1988. Publicado em** http://www.epm.tjsp.jus.br/Artigo/DireitoPublico/36458?pagina=1**, acesso dia 23.09.2017.**

[155] Por exemplo: A Dívida Pública com Precatórios após 10 Anos da LRF ou como a Resolução 40/2001 do Senado Caloteou a República. In Lei de Responsabilidade Fiscal – 10 Anos de Vigência – Questões Atuais. VVAA. Coordenação de Fernando Facury Scaff e José Maurício Conti. Florianópolis: Conceito, 2010, pág. 62.

[156] Disponível em <http://www.planalto.gov.br/ccivil_03/constituicao/emendas/emc/emc30.htm.> Acesso dia 24.12.2017.

[157] Disponível em http://www.planalto.gov.br/ccivil_03/constituicao/emendas/emc/emc62.htm. Acesso dia 24.12.2017.

[158] Disponível em <http://www.stf.jus.br/portal/jurisprudencia/listarJurisprudencia.asp?s1=%28RE%24%2ESCLA%2E+E+161695%2ENUME%2E%29+OU+%28RE%2EACMS%2E+ADJ2+161695%2EACMS%2E%29&base=baseAcordaos&url=http://tinyurl.com/zjmx7ya.> Acesso dia 24.12.2017.

[159] R. T. J. 161: 341/345. No mesmo sentido mencionaram-se no acórdão citado os seguintes casos: RE 148.569-SP, 148.272-SP, 161.170, 159.100, 148.445, 148.266, 144.774 e 143.789.

[160] Ações Diretas de Inconstitucionalidade 2.356-MC e 2.362-MC, Rel. p/ o ac. Min. Ayres Britto, julgamento em 25-11-2010, Plenário, DJE de 19-5-2011 e Ações Diretas de Inconstitucionalidade 4357 e 4425.

[161] Disponível em <http://www.planalto.gov.br/ccivil_03/constituicao/emendas/emc/emc94.htm.> Acesso dia 24.12.2017.

[162] Disponível em <http://www.planalto.gov.br/ccivil_03/constituicao/Emendas/Emc/emc99.htm.> Acesso dia 24.12.2017.

[163] Nesse projeto as Constituições estão todas traduzidas para o inglês, quando o país não tem essa língua como própria, o que facilita muito as pesquisas.
Disponível em <https://www.constituteproject.org/.> Acesso dia

24.12.2017.
[164] Conforme: HARADA, Kiyoshi. Precatórios Judiciais – Emenda Constitucional 62. Tribunal de Justiça de São Paulo. Escola Paulista da Magistratura. Associação Paulista de Magistrados. Seminário ocorrido nos dias 12 e 13 de agosto de 2010. Disponível em:
https://www.youtube.com/watch?v=UCm11CkhATU.
BULOS, Uadi Lammêgo. Curso de Direito Constitucional. São Paulo: Saraiva, 2009;
Tribunal de Justiça de São Paulo Apelação nº 0001507-34.2009.8.26.0534; e
SILVA, Sandoval Alves da. Aspectos orçamentários e constitucionais da Requisição de Pequeno Valor – RPV. In CONTI, José Mauricio; SCAFF, Fernando F. (Coordenadores). VVAA. *Orçamentos Públicos e Direito Financeiro*. São Paulo: Revista dos Tribunais, 2011, páginas 461 a 491, pág. 464; entre muitos outros. SOARES, Ednaldo e LADEIRA, Rodrigo. A Supremacia Executiva e a Coadjuvação Legislativa e Judiciária: Experiências Latino-americanas na Separação dos Poderes do Estado. Disponível em
http://www.uesb.br/eventos/encontroadministracaopolitica/artigos/EAP003.pdf . Acesso em 04.08.2016.
SOARES, Ednaldo e LADEIRA, Rodrigo. A Supremacia Executiva e a Coadjuvação Legislativa e Judiciária: Experiências Latino-americanas na Separação dos Poderes do Estado. Disponível em
<http://www.uesb.br/eventos/encontroadministracaopolitica/artigos/EAP003.pdf. Acesso em 04.08.2016.
DANTAS, Francisco Wildo Lacerda. Execução Contra a Fazenda Pública. – Regime de Precatório. Obra citada, pág. 157.
VAZ, José Otávio de Vianna. O Pagamento de Tributos por Meio de Precatórios. Belo Horizonte: Del Rey, 2007, pág. 313.
SILVA, Américo Luís Martins da. Precatório-requisitório e Requisição de Pequeno Valor (RPV). 4ª Edição. São Paulo: Revista dos Tribunais, 2010. Menciona as dificuldades políticas do cumprimento de decisões judiciais em outros países, mas não chega a dizer que algo semelhante ao sistema local exista alhures.

www.ingramcontent.com/pod-product-compliance
Lightning Source LLC
Chambersburg PA
CBHW020422220526
45464CB00002B/533